MEMOIRES

DU MARQUIS DE ***

TOME VII.

MEMOIRES
ET
AVANTURES
D'UN HOMME
DE QUALITÉ,

Qui s'est retiré du monde.

TOME SEPTIÈME.

A AMSTERDAM,

Aux dépens de la COMPAGNIE,

MDCCXXXI.

HISTOIRE

*Du Chevalier Des Grieux & de
Manon Lescaut.*

AVIS DE L'AUTEUR.

Uoique j'eusse pû in-
ferer dans mes Me-
moires les avantures
du malheureux Cheva-
lier Des Grieux, il m'a semblé
que n'y ayant point un rapport
néceffaire le Lecteur trouveroit
plus de fatisfaction à les voir ici
féparément. Un recit de cette
longueur auroit interrompu trop
long tems le fil de ma propre
histoire. Tout éloigné que je
fuis de prétendre dans cet ouvrage à la qualité d'écrivain ex-

act, je n'ignore point qu'une narration doit être quelquefois déchargée de quantité de circonstances qui la rendroient pesante & embarrassée. C'est le précepte d'Horace :

Ut jam nunc dicat jam nunc debentia dici
Pleraque differat ac præsens in tempus omittat.

Il n'est pas même besoin d'une si grave autorité pour prouver une verité si simple, car le bon sens est la premiere source de ces sortes de régles. Si le Public a trouvé quelque chose d'agréable, & d'interessant dans l'histoire de ma vie, j'ose lui promettre qu'il ne sera point mal satisfait de cette addition. Il verra dans la conduite de M. Des Grieux un exemple terrible de la force des passions. J'ai

à

à peindre un jeune homme a-
veugle, qui refuſe d'être heureux
pour ſe précipiter volontairement dans les dernieres infortunes; qui avec toutes les qualitez dont ſe forme le plus bril-
lant mérite, préfere par choix
une vie obſcure & vagabonde
à tous les avantages de la fortune, & de la nature; qui pré-
voit ſes malheurs ſans vouloir
les éviter; qui les ſent & qui
en eſt accablé, ſans profiter des
remedes qu'on lui préſente ſans
ceſſe, & qui peuvent à tous
momens les finir; enfin un caractere ambigu, un mélange de
vertus & de vices, un contraſ-
te perpetuel de bons ſentimens
& d'actions mauvaiſes. Tel eſt
le fond du tableau que je vais
préſenter aux yeux de mes lecteurs. Les perſonnes de bon
ſens ne regarderont point un
ouvrage de cette nature com-
A 2   me

me un amuſement inutile. Outre le plaiſir d'une lecture agréable, on y trouvera peu d'évenemens qui ne puiſſent ſervir à
l'inſtruction des mœurs, & c'eſt
rendre à mon avis un ſervice
conſiderable au Public, que
de l'inſtruire en le divertiſ-
ſant.

On s'étonne quelquefois, en
réflechiſſant ſur les préceptes de
la Morale, de les voir tout à
la fois eſtimez & négligez, &
l'on ſe demande la raiſon de
cette bizarrerie du cœur hu-
main, qui lui fait goûter des
idées de bien & de perfection,
dont il s'éloigne continuellement dans la pratique. Si par
exemple les perſonnes d'un certain ordre d'eſprit & de politeſſe veulent examiner qu'elle
eſt la matiere la plus commune
de leurs converſations, ou même de leurs rêveries ſolitai-
res,

res, il leur fera aifé de remarquer qu'elles tournent prefque
toujours fur quelques confidera-
tions morales. Les plus doux
momens de la vie pour les gens
d'un certain goût font ceux
qu'ils paffent ou feuls, ou avec
un ami, à s'entretenir à cœur
ouvert des charmes de la vertu,
des douceurs de l'amitié, des
moiens d'arriver au bonheur,
des foibleffes de la nature qui
nous en éloignent & des remedes qui peuvent les guérir. Horace & Boileau marquent cet
entretien comme un des plus
beaux traits dont ils compofent
l'image d'une vie heureufe.
Comment arrive-t-il donc qu'on
tombe enfuite fi aifément de
ces hautes fpeculations, &
qu'on fe retrouve fi-tôt au ni-
veau du commun des hommes?
Je fuis trompé fi la raifon que j'en
apporterai ici n'explique bien.

A 3   cet-

cette contradiction de nos idées
& de notre conduite ; c'est que
tous les préceptes de la morale
n'étant que des principes vagues
& généraux, il est très-difficile
d'en faire une application par-
culiere au détail des mœurs &
des actions. Mettons la chose
dans un exemple. Les ames bien
nées sentent que la douceur &
l'humanité font des vertus aimables, & elles font portées
d'inclination à la pratiquer : mais
font-elles au moment de l'exercice ? elles demeurent souvent
suspendues. En est-ce réellement
l'occasion ? sait-on bien qu'elle
en doit être la mesure ? Ne se
trompe-t-on point sur l'objet ?
Cent pareilles difficultez arrê-
tent. On craint de devenir duppe en voulant être bienfaisant
& liberal, de passer pour foible
en paroissant trop tendre & trop
sensible ; en un mot d'exceder

ou

ou de ne pas remplir aſſez des
devoirs qui ſont renfermez d'une
maniere trop obſcure dans les
notion générales d'humanité &
de douceur. Dans cette incertitude, il n'y a que l'experience
ou l'exemple qui puiſſe déter-
terminer raiſonnablement le
penchant du cœur. Or l'experience n'eſt point un avantage
qu'il ſoit libre à tout le monde
de ſe donner; elle dépend des
ſituations differentes où l'on ſe
trouve placé par la fortune. Il
ne reſte donc que l'exemple qui
puiſſe ſervir de régle à quantité
de perſonnes dans l'exercice de
la vertu. C'eſt préciſément pour
cette ſorte de lecteurs que des
ouvrages tels que celui-ci peuvent être d'une utilité extrême,
j'entens lorſqu'ils ſont écrits par
une perſonne d'honneur & de
bon ſens. Chaque fait qu'on y
rapporte eſt un degré de lumie-
A 4 re

re & une inſtruction qui ſupplée à l'experience ; chaque avanture eſt une modele d'après lequel on peut ſe former ; il n'y manque que d'être ajuſté aux circonſtances où l'on ſe trouve. L'ouvrage tout entier eſt un traité de morale reduit agréablement en exercice.

Un lecteur ſévére s'offencera peut-être de me voir reprendre la plume à mon âge, pour écrire des avantures de fortune & d'amour : mais ſi la réflexion que je viens de faire eſt juſte, elle me juſtifie ; ſi elle eſt fauſſe, mon erreur ſera du moins mon excuſe.

MEMOIRES

D'un homme de Qualité qui s'est retiré du monde.

◦◦◦◦◦◦◦◦◦◦◦◦◦◦◦◦◦◦

HISTOIRE

Du Chevalier des Grieux & de Manon Lescaut.

LIVRE PREMIER.

E suis obligé de faire rémonter mon Lecteur au tems de ma vie où je rencontrai pour la prémiere fois le Chevalier Des Grieux. Ce fut environ cinq ou six mois avant mon départ pour l'Espagne. Quoique je sortisse rarement de ma solitude, la complaisance que j'avois pour ma fille m'engageoit quelquefois à divers petits voyages, que j'abregeois autant qu'il m'étoit possible. Je revenois un jour de Roüen où elle m'avoit prié d'aller sollici-

A 5

ter

ter un affaire qui pendoit au Par-
lement, pour la succession de
quelques terres auxquelles elle
prétendoit du côté de mon grand-
pére maternel. Ayant repris mon
chemin par Evreux où je couchai
la premiére nuit, j'arrivai le lendemain pour dîner à Passy qui en
est éloigné de cinq ou six lieuës.
Je fus surpris en entrant dans ce
Bourg d'y voir tous les habitans
en allarme. Ils se précipitoient de
leurs maisons pour courir en foule
à la porte d'un mauvais cabaret, au-
devant duquel étoient deux chariots
couverts. Les chevaux qui étoient
encore attelez & qui paroissoient
tout fumans de fatigue & de chaleur,
marquoient que ces deux voitures
ne faisoient qu'arriver. Je m'arrêtai un moment pour m'informer
d'où venoit l'émotion ; mais je tirai peu d'éclaircissement d'une po-
pulace curieuse, qui ne faisoit
nulle attention à mes demandes,
& qui s'avançoit toujours vers le
cabaret, en se poussant avec beaucoup de confusion. Enfin un Archer revêtu d'une bandouliere &
le mousquet sur l'épaule, ayant
paru

paru à la porte, je lui fis signe de la main de venir à moi. Je le priai de m'apprendre le sujet de ce tumulte. Ce n'est rien, Monsieur, me dit-il, c'est une douzaine de filles de joye que je conduis avec mes compagnons jusqu'au Havre de Grace, où nous les ferons embarquer pour l'Amerique. Il y en a quelques-unes de jolies, & c'est apparemment ce qui excite la curiosité de ces bons Paysans. J'aurois passé outre après cette explication, si je n'eusse été arrêté par les exclamations d'une vieille femme qui sortoit du cabaret en joignant les mains, & en criant que c'étoit une chose barbare, une chose qui faisoit horreur & compassion. De quoi s'agit il donc, lui dis-je? Ah! Monsieur, entrez, répondit-elle, & voyez, si ce spectacle n'est pas capable de fendre le cœur. La curiosité me fit descendre de mon cheval que je laissai à mon valet, & étant entré avec peine en perçant la foule, je vis en effet quelque chose d'assez touchant. Parmi les douze filles

qui

qui étoient enchaînées six à six par
le milieu du corps, il y en avoit
une dont l'air & la figure étoient
si peu conformes à sa condition,
qu'en tout autre état je l'eusse
prise pour une Princesse. Sa tristesse & la saleté de son linge & de
ses habits l'enlaidissoient si peu,
que sa vûë m'inspira du respect &
de la pitié. Elle tâchoit néanmoins
de se tourner autant que sa chaîne
pouvoit le permettre, pour dérober son visage aux yeux des spec-
tateurs. L'effort qu'elle faisoit
pour se cacher étoit si naturel,
qu'il paroissoit venir d'un sentiment
de douceur & de modestie. Comme
les six gardes qui accompagnoient
cette malheureuse bande, étoient
aussi dans la chambre, je pris le
chef en particulier, & je lui demandai quelques lumieres sur le
sort de cette belle fille. Il ne pût
m'en donner que de fort générales. Nous l'avons tirée de l'Hôpital; me dit-il, par ordre de Mr.
le Lieutenant de Police. Il n'y a
pas d'apparence qu'elle y eût été
renfermée pour ses bonnes actions.

Je

Je l'ai interrogée plusieurs fois sur
la route, elle s'obstine à ne me rien
répondre. Mais quoique je n'aye
point reçû ordre de la ménager
plus que les autres, je ne laisse pas
d'avoir quelques égards pour elle;
parce qu'il me semble qu'elle vaut
un peu mieux que ses compagnes.
Voilà un jeune homme, ajoûta
l'Archer, qui pourroit vous instruire mieux que moi sur son sujet.
Il l'a suivie depuis Paris sans cesser
presqu'un moment de pleurer. Il
faut que ce soit son frere ou son
amant. Je me tournai vers le coin
de la chambre, où ce jeune homme étoit assis. Il paroissoit être
dans une rêverie profonde. Je n'ai
jamais vû de plus vive image
de la douleur. Il étoit mis fort
simplement; mais on distingue au
premier coup d'œil une personne
qui a de la naissance & de l'édu-
cation. Je m'approchai de lui. Il
se leva, & je découvris dans
ses yeux, dans sa figure, & dans
tous ses mouvemens un air si fin
& si noble, que je me sentis porté
naturellement à lui vouloir du

bien.

bien. Que je ne vous trouble point, lui dis-je, en m'asseyant auprès de lui. Voulez-vous bien satisfaire la curiosité que j'ai de connoître cette belle personne, qui ne me paroît point faite pour le triste état où je la vois? Il me répondit honnêtement qu'il ne pouvoit m'apprendre qui elle étoit sans se faire connoître lui-même, & qu'il avoit de fortes raisons pour souhaiter de demeurer inconnu. Je puis vous dire néanmoins, ce que ces miserables n'ignorent point, continua-t-il en montrant les Archers; c'est que je l'aime avec une passion si violente, qu'elle me rend le plus infortuné de tous les hommes. J'ai tout emploié à Paris pour obtenir sa liberté. Les sollicitations, l'adresse & la force m'ont été inutiles; j'ai pris le parti de la suivre, dût-elle aller au bout du monde. Je m'embarquerai avec elle. Je passerai en Amerique; mais ce qui est de la derniere inhumanité, c'est que ces lâches coquins, ajoûta-t-il, en parlant des Archers, ne veulent plus me permettre d'a-
pro-

procher d'elle. Mon deſſein étoit de les attaquer à force ouverte à quelques lieuës de Paris, je m'étois aſſocié quatre hommes qui m'avoient promis leur ſecours pour une ſomme conſiderable. Les traîtres m'ont laiſſé ſeul aux mains, & ſe ſont enfuis avec mon argent. L'impoſſibilité de réüſſir par la force m'à fait mettre les armes bas. J'ai propoſé aux Archers de me permettre du moins de les ſuivre, en leur offrant de les recompenſer. Le déſir du gain les y a fait conſentir. Ils ont voulu être payez chaque fois qu'ils m'ont accordé la liberté de parler à ma maitreſſe. Ma bourſe s'eſt épuiſée en peu de tems, & maintenant que je ſuis ſans un ſou, ils ont la barbarie de me répouſſer brutalement; lorſque je fais un pas vers elle. Il n'y a qu'un moment qu'ayant ôſé m'en approcher malgré leurs menaces, ils m'ont allongé deux ou trois grands coups du bout de leurs fuſils. Je ſuis obligé pour ſatisfaire leur avarice & pour me mettre en état de continuer du moins

la

la route à pied, de vendre ici un mauvais cheval qui m'a servi jusqu'à préfent de monture.

Quoiqu'il parût faire ce recit affez tranquillement, il laiffa tomber quelques larmes en le finiffant. Cette avanture me parût des plus extraordinaires, & des plus touchantes. Je ne vous preffe pas, lui dis-je, de me découvrir le fecret de vos affaires, mais fi je puis vous être utile à quelque chofe, je m'offre volontiers à vous rendre fervice. Hélas ? réprit-il, je ne vois point le moindre jour à l'efperance, Il faut que je me foumette à toute la rigueur de mon fort. J'irai en Amerique. J'y ferai du moins libre avec ce que j'aime. J'ai écrit à un de mes amis qui me fera tenir quelques fecours au Havre de Grace. Je ne fuis embaraffé que pour me conduire jufques-là ; & pour procurer à cette pauvre créature, ajouta-t-il en regardant triftement fa maitreffe, quelque foulagement fur la route. Hé ! bien, lui dis-je, je vais finir votre embaras.

Voici

Voici quelque argent que je vous prie d'accepter. Je suis fâché de ne pouvoir vous servir autrement. Je lui donnai quatre louïs d'or, sans que les Gardes s'en apperçuffent; car je jugeois bien que s'ils lui sçavoient cette somme, ils lui vendroient plus cherement leurs secours. Il me vint même à l'esprit de faire marché avec eux pour obtenir au jeune amant la liberté de parler continuellement à sa maitreffe jusqu'au Havre. Je fis signe au chef de s'aprocher & je lui en fis la proprofition. Il en parût honteux malgré son effronterie. Ce n'eft pas, Monfieur, répondit-il d'un air embaraffé, que nous refufions de le laiffer parler à cette fille; mais il voudroit fans ceffe être auprès d'elle, cela nous eft incommode, il eft bien jufte qu'il paye pour l'incommodité. Voyons, donc, lui dis-je, ce qu'il faut vous donner pour vous empêcher de la fentir. Il eut l'audace de me demander deux louïs. Je les lui donnai fur le champ; Mais prenez garde, lui dis-je, qu'il

ne

ne vous échape quelque friponnerie ; car je vais laisser mon adresse
à ce jeune homme, afin qu'il puisse m'en informer, & comptez que
j'aurai le pouvoir de vous faire
punir. Il m'en coûta six Louïs
d'or. La bonne grace & la vive
reconnoissance avec laquelle ce
jeune homme me remercia, ache-
verent de me persuader qu'il étoit
né quelque chose , & qu'il méritoit ma liberalité. Je dis quelques
mots à sa maitresse avant que de
sortir. Elle me répondit avec une
modestie si douce, & si charmante, que je ne pûs m'empêcher de
faire en sortant mille réflexions
sur le caractere incomprehensible
des femmes.

Etant retourné à ma solitude,
je ne pûs être informé de la suite
de cette avanture. Il se passa environ deux ans qui me la firent
oublier tout-à-fait, jusqu'à ce que
le hazard me fit renaître l'occasion
d'en apprendre à fond toutes les
circonstances. J'arrivois de Lon-
dres à Calais avec le Marquis de
. . . . mon Eleve. Nous logeâmes,
si je

ſi je me ſouviens bien au Lyon d'or , où quelques raiſons nous obligerent de paſſer le jour entier, & la nuit ſuivante. En marchant l'après midi dans les rües , je crus appercevoir ce même jeune homme dont j'avois fait la rencontre à Paſſy. Il étoit en fort mauvais équipage , & plus pâle beaucoup que je ne l'avois vû la premiere fois. Il portoit ſur le bras un vieux porte-manteau , ne faiſant qu'arriver dans la ville. Cependant comme il avoit la phiſionomie trop belle & trop frapante pour n'être pas reconnu facilement , je le remis auſſitôt. Il faut , dis - je au Marquis , que nous abordions ce jeune homme. Sa joye fut plus vive que toute expreſſion lors qu'il m'eut remis à ſon tour. Ah !Monſieur , s'écria-t-il en me baiſant la main , je puis donc encore une fois vous marquer mon immortelle reconnoiſſance. Je lui demandai d'où il venoit. Il me répondit en deux mots qu'il arrivoit par mer du Havre de Grace où il étoit revenu d'Amerique peu

aupa-

auparavant. Vous ne me paroiſſez pas fort bien en argent, lui dis-je, allez vous en au Lyon d'or où je ſuis logé. Je vous rejoindrai dans un moment. J'y retournai en effet peu après, plein d'impatience d'apprendre le détail de ſon infortune, & les circonſtances de ſon voyage d'Amerique. Je lui fis mille careſſes, & j'ordonnai dans l'auberge qu'on ne le laiſſât manquer de rien. Il n'attendit point que je le preſſaſſe de me raconter l'hiſtoire de ſa vie. Mr. , me dit-il, étant dans ma chambre, vous en uſez ſi noblement avec moi que je me reprocherois comme une baſſe ingratitude d'avoir quelque choſe de reſervé pour vous. Je veux vous apprendre non ſeulement mes malheurs, & mes peines, mais encore mes deſordres, & mes plus honteuſes foibleſſes. Je ſuis ſûr qu'en me condamnant, vous ne pourrez pas vous empêcher de me plaindre.

Je dois avertir ici le Lecteur que j'écrivis ſon hiſtoire presqu'auſſi-tôt après l'avoir entenduë, & qu'on

qu'on peut s'assurer par consé-
quent, que rien n'est plus exact &
plus fidele que cette narration. Je dis
fidele jusques dans la rélation des
réflexions & des sentimens que le
jeune Avanturier exprimoit de la
meilleure grace du monde. Voici
donc son recit. Je n'y mêlerai jusqu'à la fin rien qui ne soit de
lui.

J'avois dix-sept ans, & j'ache-
vois mes études de Philosophie à
Amiens où mes parens qui sont
d'une des meilleurs maisons de
P . . . m'avoient envoié. Je me-
nois une vie si sage & si réglée,
que mes maitres me proposoient
pour l'exemple du College. Ce
n'est pas que je fisse des efforts extraordinaires pour mériter cette
qualité ; mais j'ai l'humeur naturellement douce & tranquille , je
m'appliquois à l'étude par inclination , & l'on me comptoit pour
des vertus ce qui n'étoit qu'une
exemption de vices grossiers. Ma
naissance, le succès de mes études, & quelques bonnes qualitez
naturelles m'avoient fait connoître

tre & eſtimer de tous les honnêtes
gens de la ville. Je me tirai de
mes exercices publics avec une
approbation ſi générale, que Mr.
l'Evêque qui y aſſiſtoit me propoſa d'entrer dans l'état Ecclefiaſ-
tique, où je ne manquerois pas,
diſoit-il, de m'attirer plus de diſtinction que dans l'ordre de Malte, auquel mes parens me deſti-
noient. Ils me faiſoient déja porter la croix avec le nom de Chevalier Des Grieux. Les vacances
arrivant, je me préparois à retourner chez mon pére, qui m'avoit
promis de m'envoyer bientôt à l'A-
cadémie. Tout mon regret en
quittant Amiens, étoit d'y laiſſer
un ami avec lequel j'avois toujours été tendrement uni. Il étoit
de quelques années plus âgé que
moi. Nous avions été élevez enſemble, mais le bien de ſa maiſon
étant des plus médiocres, il étoit
obligé de prendre l'état Eccéſiaſ-
tique, & il démeuroit à Amiens
après moi, pour y faire les études
qui conviennent à cette profeſſion.
Il avoit mille bonnes qualitez.

Vous

Vous le connoîtrez par les meilleures dans la suite de mon histoire, & sur tout par un zéle & une générosité en amitié qui surpassent les exemples les plus célébres de l'antiquité. Si j'eusse alors suivi ses conseils, j'aurois toujours été sage & heureux ; si j'avois du moins profité de ses secours dans le précipice où mes passions m'ont entrainé, j'aurois sauvé quelque chose du naufrage de ma fortune & de ma réputation : mais il n'a point recueilli d'autre fruit de ses soins que le chagrin de les voir inutiles, & quelquefois dûrement recompensez par un ingrat qui s'en offençoit, & qui les traitoit d'importunitez.

J'avois marqué le tems de mon départ d'Amiens. Helas ! que ne le marquois-je un jour plutôt ! J'aurois porté chez mon pére toute mon innocence. La veille même de celui que je pensois quitter cette ville étant à me promener avec mon ami, qui s'appelloit Tiberge. nous vimes arriver le Coche d'Arras, & nous le suivimes par curiosité jusqu'à l'auberge où ces voitures

tures defcendent. Nous n'avions
point d'autre deffein que de fçavoir de quelles perfonnes il étoit
rempli. Il en fortit quelques femmes qui fe retirerent auffitôt ; il n'en
refta qu'une, fort jeune, qui s'arrêta feule dans la cour ; pendant
qu'un homme d'un âge avancé qui
paroiffoit lui fervir de conducteur
s'empreffoit pour faire tirer fon é-
quipage des paniers. Elle étoit fi
charmante, que moi, qui n'avois
jamais penfé à la difference des
fexes, & à qui il n'etoit peut-être
jamais arrivé de regarder une fille
pendant une minute, moi dis - je,
dont tout le monde admiroit la
fageffe & la retenuë, je me trouvai enflamé tout d'un coup, jufqu'au transport & à la folie. J'a-
vois le défaut naturel d'être exceffivement timide & facile à déconcerter, mais loin d'être arrêté
alors par cette foibleffe , je m'a-
vançai vers la maitreffe de mon
cœur. Quoiqu'elle fût encore
moins âgée que moi, elle reçût
le compliment honnête que je lui
fis, fans paroître embaraffée. Je lui
demandai ce qui l'amenoit à Amiens,

&

& fi elle y avoit quelques perſonnes de connoiſſance. Elle me répondit ingenuëment qu'elle y étoit
envoyée par ſes parens pour être
Rel gieuſe. L'amour me rendoit
déja ſi éclairé depuis un moment
qu'il étoit dans mon cœur, que
je regardai ce deſſein comme un
coup mortel pour mes déſirs. Je
lui parlai d'une maniere qui lui fit
comprendre mes ſentimens, car
elle étoit bien plus experimentée
que moi; c'étoit malgré elle qu'on
l'envoïoit au Couvent, & pour arrêter ſans doute ſon penchant au
plaiſir, qui s'étoit déja déclaré,
& qui a cauſé dans la ſuite tous
ſes malheurs & les miens. Je com-
battis la cruelle intention de ſes
parens par toutes les raiſons que
mon amour naiſſant & mon élo-
quence ſcholaſtique purent me
ſuggerer. Elle n'affecta ni rigueur,
ni dédain. Elle me dit après un
moment de ſilence, qu'elle ne
prévoyoit que trop qu'elle alloit
être malheureuſe, mais que c'é-
toit apparemment la volonté du
Ciel, puis qu'il ne lui laiſſoit nul

moyen de l'éviter. La douceur de
ſes regards , un air charmant de
triſteſſe en prononçant ces paroles , ou plutôt l'aſcendant de ma
deſtinée qui m'entraînoit à ma
perte , ne me permirent pas de balancer un moment ſur ma réponſe. Je l'aſſurai que ſi elle vouloit
faire quelque fond ſur mon honneur , & ſur la tendreſſe infinie
quelle m'avoit déja inſpirée , j'em-
ploirois ma vie pour la délivrer de
la tyrannie de ſes parens , & pour
la rendre heureuſe. Je me ſuis
étonné mille fois , en y réflechiſſant depuis , d'où me venoit alors
tant de hardieſſe & de facilité à
m'exprimer ; mais on ne feroit pas
une divinité de l'amour , s'il n'é-
toit accoûtumé à operer des pro-
diges. J'ajoûtai mille choſes preſ-
ſantes. Ma belle inconnuë ſçavoit bien qu'on n'eſt point trom-
peur à mon âge. Elle me confeſſa
que ſi je voyois quelque jour à la
pouvoir mettre en liberté , elle
croiroit m'être redevable de quelque choſe de plus cher que la vie.
Je lui répetai que j'étois prêt à tout

entre-

entreprendre ; mais n'ayant point
aſſez d'experience pour imaginer
tout d'un coup les moïens de la
ſervir ; je m'en tenois à cette aſſurance générale qui ne pouvoit être
d'un grand ſecours pour elle. Son
vieil Argus étant venu pendant ce
tems-là nous rejoindre , mes eſperances alloient échoüer ; ſi elle
n'eût eû aſſez d'eſprit pour ſup-
pléer à la ſterilité du mien. Je fus
ſurpris à l'arrivée de ſon conducteur qu'elle m'appella ſon couſin,
& que ſans paroître deconcertée
le moins du monde ; elle me dit
que puisqu'elle étoit aſſez heureuſe pour me rencontrer à Amiens ,
elle remettoit au lendemain ſon
entrée dans le Couvent , afin de ſe
procurer le plaiſir de ſouper avec
moi. J'entrai fort bien dans le ſens
de cette ruſe. Je lui propoſai de
ſe loger dans un cabaret , dont
l'hôte qui s'étoit établi à Amiens,
après avoir été longtems cocher
de mon pére , étoit devoüé entierement à mes ordres. Je l'y con-
duiſis moi-même , tandis que le
vieux Conducteur paroiſſoit un

peu

peu murmurer , & que mon ami Tiberge , qui ne comprenoit rien à cette scene me suivoit sans pro- noncer une parole. Il n'avoit point entendu notre entretien , s'é- tant promené dans la cour , pen- dant que je parlois d'amour à ma belle maitresse. Comme je rédou- tois sa sagesse je me défis de lui sous prétexte d'une commission , dont je le priai de se charger ; de- sorte qu'étant arrivé à l'auberge , j'eus le plaisir d'entretenir seul dans une chambre la souveraine de mon cœur. Je reconnus bientôt que j'étois moins enfant que je ne croïois l'être. Mon cœur s'ou- vrit à mille sentimens de plaisir , dont je n'avois jamais eu l'idée. Une douce chaleur se répandit dans toutes mes veines. J'étois dans une espece de transport qui m'ôta pour quelque tems la liberté de la voix , & qui ne s'exprimoit que par mes yeux. Mademoiselle Ma- non Lescaut, c'est ainsi qu'elle me dit qu'on la nommoit , parût fort satisfaite de cet effet de ses char- mes , je crus appercevoir qu'elle n'én'étoit pas moins emuë que moi. Elle me confessa qu'elle me trouvoit aimable, & qu'elle seroit ravie de m'avoir l'obligation de sa liberté. Elle voulut sçavoir qui j'étois, & cette connoissance augmenta son affection ; parce que n'étant point de qualité, quoique d'assez bonne naissance, elle se trouva flattée d'avoir fait la conquête d'un amant tel que moi. Nous nous entretinmes des moïens d'être l'un à l'autre. Après quantité de réflexions nous ne trouvâmes point d'autre voye que celle de la fuite. Il falloit tromper la vigilance du Conducteur qui étoit un homme à ménager, quoiqu'il ne fût qu'un domestique. Nous réglames que je ferois préparer pendant la nuit une chaise de poste, & que je viendrois de grand matin à l'auberge, avant qu'il fût éveillé ; que nous nous déroberions secrettement, & que nous irions droit à Paris, où nous nous ferions marier en arrivant. J'avois environ cinquante écus qui étoient le fruit de mes petites épargnes ;

B 3

elle

elle en avoit à peu près le double. Nous nous imaginâmes comme des enfans sans experience, que cette somme ne finiroit jamais, & nous ne comptâmes pas moins sur le succès de nos autres arrangemens.

Après avoir soupé avec plus de satisfaction que je n'en ai jamais ressenti, je me retirai pour exécuter notre projet. Cela me fut d'autant plus facile qu'ayant eû dessein de retourner le lendemain chez mon pére, mon petit équipage étoit déja préparé. Je n'eus donc nulle peine à faire transporter ma malle, & à faire tenir une chaise prête pour cinq heures du matin, qui étoit le tems où les portes de la ville devoient être ouvertes. Mais je trouvai un obstacle, dont je ne me défiois point, & qui faillit à rompre entierement mon dessein.

Tiberge, quoiqu'âgé seulement de trois ans plus que moi, étoit un garçon d'un sens mûr, & d'une conduite fort reglée. Il m'aimoit avec une tendresse extraordinaire. La vûë d'une aussi jolie fille que Ma-

Mademoiſelle Manon, mon empreſſement à la conduire, & le ſoin que j'avois eû de me défaire de lui en l'éloignant, lui firent naître quelques ſoubçons de mon amour. Il n'avoit ôſé revenir à l'auberge où il m'avoit laiſſé, depeur de m'offencer par ſon retour, mais il étoit allé m'attendre à mon logis, où je le trouvai en arrivant, quoiqu'il fût neuf heures du ſoir. Sa préſence me chagrina. Il s'apperçut facilement de la contrainte où elle me metroit. Je ſuis ſûr, me dit-il, ſans déguiſement, que vous méditez quelque deſſein que vous me voulez cacher ; je le vois à votre air. Je lui répondis aſſez bruſquement que je n'étois pas obligé à lui rendre compte de tous mes deſſeins. Non, réprit-il, mais vous m'avez toujours traité en ami, & cette qualité ſuppoſe un peu de confiance, & d'ouverture. Il me preſſa ſi fort & ſi longtems de lui découvrir mon ſecret, que n'ayant jamais eu de réſerve avec lui, je lui fis l'entiere confidence de ma paſſion. Il la

B 4

reçut

reçut avec une apparence de me-
contentement qui me fit fremir.
Je me répentis furtout de l'indifcretion, avec laquelle je lui avois
découvert le deffein de ma fuite.
Il me dit, qu'il étoit trop parfaitement mon ami pour ne pas s'y
oppofer de tout fon pouvoir; qu'il
vouloit me repréfenter d'abord
tout ce qu'il croïoit capable de
m'en détourner, mais que fi je ne
renonçois pas enfuite à cette miferable réfolution, il avertiroit des
perfonnes qui pourroient l'arrêter
à coup fûr. Il me tint là-deffus
un difcours férieux qui dura plus
d'un quart d'heure, & il finit en
renouvellant la menace qu'il m'a-
voit faite de me dénoncer, fi je
ne lui donnois ma parole de me
conduire avec plus de fageffe, &
de raifon. J'étois au défefpoir de
m'être trahi fi mal à propos. Cependant l'amour m'ayant ouvert
extrêmement l'efprit depuis deux
ou trois heures, je fis attention
que je ne lui avois pas découvert
que mon deffein devoit s'exécuter
le lendemain, & je réfolus de le
trom-

tromper à la faveur d'une équivo-
que. Tiberge, lui dis-je, j'ai crû
jusqu'à préfent que vous étiez
mon ami, & j'ai voulû vous é-
prouver par cette confidence. Il
eſt vrai que j'aime, je ne vous ai pas
trompé, mais pour ce qui régarde
ma fuite, ce n'eſt point une entrepriſe à former au hazard. Venez
me prendre demain à neuf heures,
je vous ferai voir s'il ſe peut ma
maitreſſe, & vous jugerez ſi elle
mérite que je faſſe cette démarche
pour elle. Il me laiſſa ſeul après
mille proteſtations d'amitié. J'em-
ployai la nuit à mettre ordre à mes
affaires, & m'étant rendu à l'auberge de Mademoiſelle Manon,
vers la pointe du jour, je la trouvai qui m'attendoit. Elle étoit à
ſa fenêtre, qui donnoit ſur la ruë;
de ſorte que m'ayant apperçu, elle
vint m'ouvrir elle-même. Nous
ſortimes ſans bruit. Elle n'avoit
point d'autre équipage à emporter
que ſon linge dont je me chargeai
même. La chaiſe étoit en état de
partir. Nous nous éloignâmes
auſſi-tôt de ville. Je rapporterai

B 5

dans

dans la suite qu'elle-fut la conduite de Tiberge, lorsqu'il s'apperçût que je l'avois trompé; Son
zèle n'en devint pas moins ardent.
Vous verrez à quel excès, il le
poussa, & combien je dévrois verser de larmes, en songeant qu'elle
en a été la récompense.

Nous nous hâtames tellement
d'avancer que nous arrivâmes à
St. Denis avant la nuit. J'avois
couru à cheval à côté de la chaise, ce qui ne nous avoit gueres
permis de nous entretenir qu'en
changeant de chevaux; mais lorsque nous nous vimes si proche de
Paris, c'est-à-dire, presqu'en su-
reté; nous primes le tems de nous
rafraichir, n'ayant rien mangé depuis notre départ d'Amiens. Quelque passionné que je fusse pour Manon, elle sçût me persuader qu'elle
ne l'étoit pas moins pour moi.
Nous étions si peu reservez dans
nos caresses que nous n'avions
pas la patience d'attendre que nous
fussions seuls. Nos hôtes & nos
Postillons nous régardoient avec
admiration & je rémarquois qu'ils
étoient

étoient surpris de voir deux enfans
de nôtre âge qui paroissoient s'aimer
jusqu'à la fureur. Nos projets de
mariage furent oubliez à St. Denis. Nous fraudâmes les droits de
l'Eglise, & nous nous trouvâmes
Epoux sans y avoir fait réflexion.
Il est sûr que du naturel tendre &
constant dont je suis, j'étois heureux pour toute ma vie, si Manon
m'eût été fidèle. Plus je la connoissois, plus je découvrois en elle
de nouvelles qualitez aimables.
Son esprit, son cœur, sa douceur,
& sa beauté formoient une chaîne
si forte & si charmante que j'avois
mis tout mon bonheur à n'en sortir jamais. Terrible changement!
Ce qui fait mon désespoir auroit
pû faire ma félicité. Je me trouve
le plus malheureux de tous les
hommes par cette même constance dont je devois attendre le plus
doux de tous les sorts, & les
plus parfaites recompenses de l'a-
mour.

Nous primes un appartement
meublé à Paris. Ce fut dans la
ruë V . . . & pour mon malheur

 au-

auprès de la maison de Mr. B...
le célèbre Fermier général ...
Trois semaines se passerent, pendant
lesquelles j'avois été si occupé de
ma passion que j'avois peu songé à
ma famille, & au chagrin que mon
pére avoit dû ressentir de mon absence. Cependant comme la bouche n'avoit nulle part à ma conduite, & que Manon se compor-
toit aussi avec beaucoup de retenuë, la tranquilité où nous vi-
vions servit à me faire rappeller
peu à peu l'idée de mon devoir.
Je résolus de me reconcilier s'il
étoit possible avec mon pére. Ma
maîtresse étoit si aimable que je
ne doutai point qu'elle ne pût lui
plaire si je trouvois moyen de lui
faire connoître sa sagesse, & son
mérite. En un mot, je me flattai
d'obtenir de lui la liberté de l'é-
pouser, ayant été desabusé de l'esperance de le pouvoir sans son
consentement. Je communiquai
ce projet à Manon, & je lui fis
entendre qu'outre les motifs de
l'amour, & du devoir, celui de la
nécessité pouvoit y entrer aussi pour
quel-

quelque chofe , car nos fonds
étoient extrémement alterez , & je
commençois à revenir de l'opinion
qu'ils étoient inepuifables. Manon
reçût froidement cette propofition.
Cependant les difficultez qu'elle y
oppofa n'étant prifes que de fa
tendreffe même, & de la crainte
de me perdre, fi mon pére n'entroit point dans notre deffein après
avoir connu le lieu de notre retraite, je n'eus pas le moindre foub-
çon du coup cruel qu'on fe préparoit à me porter. A l'objection
de la néceffité, elle répondit qu'il
nous reftoit encore de quoi vivre
quelques femaines, & qu'elle trouveroit après cela des reffources
dans l'affection de quelques parens
à qui elle écriroit en Province.
Elle adoucit fon refus par des careffes fi tendres & fi paffionnées
que moi qui ne vivois que dans
elle, & qui n'avois pas la moindre défiance de fon cœur , j'applaudis à toutes fes réponfes & à
toutes fes réfolutions. Je lui avois
laiffé la difpofition de notre bourfe, & le foin de païer notre dé-

B 7

penfe

pense ordinaire. Je m'apperçus peu après que notre table étoit mieux servie ; & qu'elle s'étoit donné quelques ajustemens d'un prix considérable. Comme je n'ignorois pas qu'il dévoit nous rester à peine douze ou quinze pistoles, je lui marquai mon étonnement de cette augmentation apparente de notre opulence. Elle me pria en riant d'être sans embarras. Ne vous ai-je pas promis, me dit-elle ; que je trouverois des ressources, je l'aimois avec trop de simplicité pour m'allarmer facilement.

Un jour que j'étois sorti l'après midi, & que je l'avois avertie que je serois dehors plus longtems qu'à l'ordinaire, je fus étonné qu'à mon retour, on me fit attendre deux ou trois minutes à la porte. Nous n'étions servis que par une petite fille qui étoit à peu près de notre âge. Etant venuë m'ouvrir je lui démandai pourquoi elle avoit tardé si longtems ; Elle me répondit d'un air embarassé, qu'elle ne m'avoit point entendu frapper. Je n'avois frappé qu'une fois :

je

je lui dis; mais fi vous ne m'avez pas entendu , pourquoi êtes-vous donc venuë m'ouvrir ? Cette queftion la déconcerta tellement que n'ayant point affez de préfence d'efprit pour y répondre , elle fe mit à pleurer, en m'affurant que ce n'étoit point fa faute, & que Madame lui avoit défendu d'ouvrir la porte jufqu'à ce que Mr. de B . . . fût forti par l'autre efcalier qui répondoit au cabinet. Je demeurai fi confus que je n'eus point la force d'entrer dans l'appartement. Je pris le parti de defcendre fous prétexte d'une affaire, & j'ordonnai à cet enfant de dire à fa maitreffe que je retournerois dans le moment, & de ne pas faire connoître qu'elle m'eût parlé de Mr. B . . .

Ma confternation fut fi grande que je verfois des larmes en défcendant l'efcalier ; fans fçavoir encore de quel fentiment elles partoient. J'entrai dans le prémier caffé ; & m'y étant affis auprès d'une table, j'appuyai la tête fur les deux mains, pour y déveloper

ce qui se passoit dans mon cœur.
Je n'osois rappeller ce que je venois d'entendre. Je voulois le
considerer comme une illusion, &
je fus prêt deux ou trois fois de
rétourner au logis, sans marquer
que j'y eusse fait attention. Il me
paroissoit si impossible que Manon
pût me trahir, que je craignois de
lui faire injure en la soubçonnant.
Je l'adorois, cela étoit sûr ; je ne
lui avois pas donné plus de preuves d'amour , que je n'en avois
reçu d'elle ; pourquoi l'aurois-je
accusée d'être moins sincere &
moins constante que moi ? quelle
raison auroit-elle eu de me tromper ! Il n'y avoit que trois heures
qu'elle m'avoit accablé de ses plus
tendres caresses , & qu'elle avoit
reçû les miennes avec transport ;
je ne connoissois pas mieux mon
cœur que le sien. Non, non, répris-je, il n'est pas possible que
Manon me trahisse. Elle n'ignore
pas que je ne vis que pour elle.
Elle sçait trop bien que je l'adore. Ce n'est pas-là un sujet de me
haïr.

Ce-

Cependant j'étois embarraffé à expliquer la vifite & la fortie furtive de Mr. B . . . Je rappellois auffi les petites acquifitions de Manon, qui me fembloient furpaffer nos richeffes préfentes. Cela paroiffoit fentir les liberalitez d'un nouvel amant. Et cette confiance qu'elle m'avoit marquée pour des reffources qui m'étoient inconnuës; j'avois peine à donner à tout cela un fens auffi favorable que mon cœur le fouhaitoit. D'un autre côté, je ne l'avois prefque pas perdüe de vûë, depuis que nous étions à Paris : occupations, promenades, divertiffemens, nous avions toujours été l'un à côté de l'autre ; mon Dieu ! un inftant de féparation nous auroit caufé fûrement trop de peine. Il falloit nous dire fans ceffe que nous nous aimions, nous ferions morts d'inquietude fans cela. Je ne pouvois donc m'imaginer prefqu'un feul moment, où Manon eût pû s'occuper d'un autre que de moi. A la fin je crus avoir trouvé le dénouëment de ce miftere. Mr. B. .

di-

diſois-je en moi-même, eſt un homme qui fait de groſſes affaires, & qui a de grandes rélations ; les parens de Manon ſe ſont ſans doute ſervis de cet homme pour lui faire tenir quelque argent. Elle en a peut-être déja reçû de lui, & il eſt venu aujourdhui lui en apporter encore. Elle s'eſt fait un jeu de me le cacher pour me ſurprendre agréablement. Peut-être m'en auroit-elle parlé ſi j'étois rentré à mon ordinaire au lieu de venir m'affliger ici. Elle ne me le cachera pas du moins, lorſque je lui en parlerai moi-même.

Je me remplis ſi fortement de cette opinion, qu'elle eut la force de diminuer beaucoup ma triſteſſe. Je retournai ſur le champ au logis. J'embraſſai tendrement Manon à mon ordinaire. Elle me reçût fort bien. J'étois tenté d'abord de découvrir mes conjectures, que je régardois plus que jamais comme certaines ; je me rétins dans l'eſperance qu'il lui arriveroit peut-être de me prévenir en m'apprenant tout ce qui s'étoit paſſé. On

nous

nous servit à souper. Je me mis à table avec un air fort gaï ; mais à la lumiere de la chandelle qui étoit entre nous deux ; je crus appercevoir de la tristesse sur le visage, & dans les yeux de ma chere maitresse. Cette pensée m'en inspira aussi. Je remarquai que ses régards s'attachoient sur moi, d'une autre façon qu'ils n'avoient accoûtumé. Je ne pouvois démêler si c'étoit de l'amour, ou de la compassion ; quoiqu'il me parût que c'étoit un sentiment doux & languissant. Je la régardai avec la même attention ; & peut-être n'avoit-elle pas moins de peine à juger de la situation de mon cœur par mes regards. Nous ne pensions, ni à parler ni à manger. Enfin, je vis tomber des larmes de ses beaux yeux : perfides larmes ! ah Dieux ! m'écriai-je, vous pleurez ma chere Manon : vous étes affligée jusqu'à pleurer, & vous ne me dites pas un seul mot de vos peines. Elle ne me répondit que par quelques soupirs, qui augmenterent mon inquiétude. Je me

levai

levai en tremblant. Je la conjurai
avec tous les empreſſemens de l'a-
mour de me découvrir le ſujet de
ſes pleurs ; j'en verſai moi-même, en eſſuïant les ſiennes ; j'étois
plus mort que vif. Un barbare
auroit été attendri des témoignages de ma douleur, & de ma crainte. Dans le tems que j'étois ainſi
tout occupé d'elle, j'entendis le
bruit de pluſieurs perſonnes qui
montoient l'eſcalier. On frappa
doucement à notre porte. Manon
me donna un baiſer, & s'échapant
de mes bras, elle entra rapidement
dans le cabinet, dont elle ferma
la porte après elle. Je me figurai
qu'étant un peu en deſordre, elle
vouloit ſe cacher aux yeux des é-
trangers qui avoient frappé. J'allai
leur ouvrir moi-même. A peine
avois-je ouvert que je me vis ſaiſir
par trois hommes que je reconnus
auſſi-tôt pour les laquais de mon
pére. Ils ne me firent point de
violence ; mais deux d'entr'eux
m'ayant pris par les bras, le troi-
ſieme viſita mes poches dont il
tira un petit coûteau qui étoit le
ſeul

seul fer que j'euffe fur moi. Ils
me démanderent pardon de la néceffité où ils étoient de me manquer ainfi de refpect, & ils me
dirent naturellement qu'ils agif-
foient par l'ordre de mon pére, &
que mon frere aîné m'attendoit en
bas dans un carroffe. J'étois fi
troublé que je me laiffai conduire
fans refifter & fans répondre. Mon
frere étoit effectivement à m'attendre. On me mit dans le carroffe
auprès de lui, & le cocher qui avoit
fes ordres nous conduifit à grand
train jufqu'à St. Denis. Mon frere
m'embraffa tendrement; mais il ne
me parla point; deforte que j'eus
tout le loifir dont j'avois befoin
pour réver à mon infortune.

J'y trouvai d'abord tant d'obfcurité que je ne voïois pas de jour
à la moindre conjecture. J'étois
trahi cruellement? mais par qui?
Tiberge fut le prémier qui me vint
à l'efprit. Traître! difois-je, c'eft
fait de ta vie, fi mes foubçons fe
trouvent juftes. Cependant je fis
réflexion qu'il ignoroit le lieu de ma
demeure, & qu'on ne pouvoit par

con-

conféquent l'avoir appris de lui. Accufer Manon, c'eft dequoi mon cœur n'ofoit fe rendre coupable. Cette trifteffe extraordinaire dont je l'avois vûë comme accablée, fes larmes, le tendre baifer qu'elle m'avoit donné en fe retirant, me paroiffoient bien un énigme; mais je me fentois porté à l'expliquer comme un preffentiment de notre malheur commun, & dans le tems que je me défefperois de l'accident qui m'arrachoit à elle, j'avois la crédulité de m'imaginer qu'elle étoit encore plus à plaindre que moi. Le réfultat de ma méditation fut de me perfuader que j'avois été apperçû dans les ruës de Paris par quelques perfonnes de connoiffance, qui en avoient donné avis à mon pére. Cette penfée me confola. Je comptois d'en être quitte pour des réproches ou pour quelques mauvais traitemens qu'il me faudroit effuier de l'autorité paternelle. Je réfolus de les fouffrir avec patience, & de promettre tout ce qu'on exigeroit de moi, pour me faciliter l'occafion de rerétourner plus promptement à Paris & d'aller rendre la vie & la joye à ma chere Manon.

Nous arrivâmes en peu de tems à St. Denis. Mon frere surpris de mon silence, s'imagina qu'il étoit un effet de ma crainte. Il entreprit de me consoler en m'assurant que je n'avois rien à apprehender de la severité de mon pére, pourvû que je fusse disposé à rentrer doucement dans le devoir, & à mériter l'affection qu'il avoit pour moi. Il me fit passer la nuit à St. Denis, avec la précaution de faire coucher les trois laquais dans ma chambre. Ce qui me causa une peine sensible fut de me voir dans le même cabaret où je m'étois arrêté avec Manon en venant d'Amiens à Paris. L'hôte, & les domestiques me reconnurent & devinerent en même tems la verité de mon histoire. J'entendis dire à l'hôte. Ha, c'est ce joli Monsieur qui passoit il y a un mois avec une petite Demoiselle qu'il aimoit si fort. Mon Dieu! quelle étoit charmante! les pauvres enfans comme ils se bai-

soient

foient ! Pardi , c'eft dommage ,
qu'on les ait féparez. Je faifois
femblant de ne rien entendre , &
je me laiffois voir le moins qu'il
m'étoit poffible. Mon frere avoit
à S. Denis une chaife à deux , dans
laquelle nous partimes de grand
matin, & nous nous rendimes chez
nous le lendemain. Il vit mon
pére avant moi pour le prévenir
en ma faveur , en lui apprenant
avec quelle douceur je m'étois
laiffé conduire ; de forte que j'en
fus reçû moins durement que je
n'avois compté. Il fe contenta
de me faire quelques réproches
généraux fur la faute que j'avois
commife en m'abfentant fans fa
permiffion. Pour ce qui régardoit
ma maitreffe , il me dit que j'a-
vois bien mérité ce qui venoit de
m'arriver , en me livrant à une
inconnuë ; qu'il avoit eu meilleure
opinion de ma prudence ; mais
qu'il efperoit que cette petite avanture me rendroit plus fage. Je ne
pris ces paroles que dans le fens
qui s'accordoit avec mes idées. Je
remerciai mon pére de la bonté
qu'il

qu'il avoit de me pardonner, & je lui promis de prendre une conduite plus foumife, & plus reglée. Je triomphois au fond de cœur, car de la maniere dont les chofes s'arrangeoient, je ne doutois point que je n'euffe la liberté de me dérober de la maifon, même avant la fin de la nuit. On fe mit à la table pour fouper; on me railla fur ma conquête d'Amiens & fur ma fuite avec cette fidelle maitreffe. Je reçus les coups de bonne grace. J'étois même charmé qu'il me fût permis de m'entretenir de ce qui m'occupoit continuellement le cœur. Mais quelques mots lâchez par mon pére me firent prêter l'oreille avec la derniere attention. Il parla de perfidie, & de fervice intereffé rendu par Mr. B . . . Je demeurai interdit en lui entendant prononcer ce nom, & je le priai humblement de s'expliquer davantage. Il fe tourna vers mon frere pour lui demander s'il ne m'avoit pas raconté toute l'hiftoire. Mon frere lui répondit, que je lui avois parû fi tranquille fur la route, qu'il n'avoit pas crû que j'euſſe besoin de ce remede pour me guérir de ma folie. Je rémarquai que mon pére balançoit s'il acheveroit de s'expliquer. Je l'en ſuppliai ſi inſtamment qu'il me ſatisfit, ou plutôt qu'il m'aſſaſſina cruellement par le plus horrible de tous les recits.

Il me demanda d'abord ſi j'avois toujours eu la ſimplicité de croire que je fuſſe aimé de ma maitreſſe. Je lui dis hardiment que j'en étois ſi ſûr, que rien ne pouvoit m'en donner la moindre défiance. Ha ha ha, s'écria-t-il en riant de toute ſa force, cela eſt excellent. Tu es une jolie duppe, & j'aime à te voir dans ces ſentimens-là. C'eſt grand dommage, mon pauvre Chevalier, de te faire entrer dans l'Ordre de Malte, puiſque tu as tant de diſpoſition à faire un mari patient & commode. Il ajoûta mille railleries de cette force ſur ce qu'il appelloit ma ſottiſe & ma credulité. Enfin comme je demeurois dans le ſilence, il continua à me dire que ſuivant le calcul

cul qu'il pouvoit faire du tems depuis mon départ d'Amiens, Manon m'avoit aimé environ douze
jours; car ajoûta-t-il, je fçais que
tu partis d'Amiens le 28. de l'autre mois; nous fommes au 29. du
préfent; il y en a onze que Mr.
B . . . . m'a écrit; je fuppofe qu'il
lui en a fallû huit pour lier une
parfaite amitié avec ta maitreffe;
ainfi qui ôte onze & huit de trente
un jours qu'il y a depuis le vingt-
huit d'un mois jufqu'au 29. de
l'autre, refte douze, un peu plus
ou moins. Là-deffus les éclats
de rire recommencerent. J'écoutois tout avec un faififfement de
cœur, auquel j'apprehendois de
ne pouvoir réfifter jufqu'à la fin
de cette trifte comedie. Tu fçau-
ras donc, reprit mon pére, puifque tu l'ignores, que Mr. B . . ,
a gagné le cœur de ta Princeffe;
car il fe moque de moi de prétendre me perfuader que c'eft par un
zéle defintereffé pour mon fervice
qu'il a voulu te l'enlever. C'eft
bien d'un homme tel que lui, de
qui d'ailleurs je ne fuis pas connu,

C 2

qu'il

qu'il faut attendre des fentimens fi
nobles. Il a appris d'elle que tu es
mon fils ; & pour fe délivrer de tes
importunitez, il ma écrit le lieu
de ta démeure & le defordre où tu
vivois, en me faifant entendre qu'il
falloit main forte pour s'affûrer
de toi. Il s'eft offert de me faciliter les moyens de te faifir au col-
let, & c'eft par fa direction & celle
de ta maitreffe même, que ton
frere a trouvé le moment de te
prendre fans verd. Félicite toi
maintenant de la durée de ton
triomphe. Tu fçais vaincre affez
rapidement Chevalier, mais tu ne
fçais pas conferver tes conquê-
tes.

Je n'eus pas la force de foutenir plus longtems un difcours,
dont chaque mot m'avoit percé le
cœur. Je me levai de table, & je
n'avois pas fait quatre pas pour
fortir de la falle que je tombai fur
le plancher fans fentiment & fans
connoiffance. On me les rappella
par de promts fecours. J'ouvris
les yeux pour verfer un torrent de
de pleurs, & la bouche pour proferer

-ferer les plaintes les plus triſtes , & les plus touchantes. Mon pére, qui m'a toujours aimé tendrement, s'emploïa avec toute ſon affection pour me conſoler. Je l'écoutois, mais ſans l'entendre. Je me jettai à ſes genoux , je le conjurai en joignant les mains de me laiſſer rétourner à Paris pour aller poignarder B . . . Non diſois-je, il n'a pas gagné le cœur de Manon, il lui a fait violence, il l'a ſéduite par un charme ou un poiſon , il l'a peut-être forcée brutalement. Manon m'aime, ne le ſçai-je pas bien ? il l'aura menacée le poignard à la main pour la contraindre à m'abandonner. Que n'aura-t-il pas fait pour me ravir une ſi charmante maitreſſe ! O Dieux ! Dieux ! ſeroit-il poſſible que Manon m'eût trahi & qu'elle eût ceſſé de m'aimer ! Comme je parlois toujours de retourner promptement à Paris, & que je me levois même à tous momens pour cela, mon pére vit bien que dans le tranſport où j'étois , rien ne feroit capable de m'arrêter. Il me conduiſit dans une

C 3

cham-

chambre haute où il laiſſa deux domeſtiques avec moi pour me garder à vûë. Je ne me poſſedois
point. J'aurois donné mille vies
pour être ſeulement un quart
d'heure à Paris. Je compris que
m'étant déclaré ſi ouvertement,
on ne me permettroit pas aiſément
de ſortir de ma chambre. Je me-
ſurai des yeux la hauteur des fenêtres. Ne voïant nulle poſſibilité
de m'échaper par là, je m'adreſſai
doucement à mes deux domeſtiques. Je m'engageai par mille ſermens à faire un jour leur fortune,
s'ils vouloient conſentir à mon
évaſion. Je les preſſai, je les ca-
reſſai, je les menaçai; mais cette
tentative fut encore inutile. Je perdis alors toute eſperance. Je reſolus de mourir, & je me jettai ſur
un lit avec le deſſein de ne le quitter qu'avec la vie. Je paſſai la nuit
& le jour ſuivant dans cette ſituation. Je réfuſai la nourriture qu'on
m'apporta le lendemain. Mon pére
vint me voir l'après-midi. Il eût
la bonté de flâter mes peines par
les plus douces conſolations. Il
m'or-

m'ordonna si absolument de manger quelque chose, que je le fis par respect pour ses ordres. Quelques jours se passèrent pendant lesquels je ne pris rien qu'en sa présence & pour lui obéir. Il continuoit toujours à m'apporter les raisons qui pouvoient me ramener au bon sens, & m'inspirer du mépris pour l'infidelle Manon. Il est certain que je ne l'estimois plus ; comment aurois-je estimé la plus volage & la plus perfide de toutes les créatures ? mais son image, les traits charmans que je portois au fond du cœur, y subsistoient toujours. Je me sentois bien. je puis mourir, disois-je, je le devrois même après tant de honte & de douleur, mais je souffrirois mille morts sans pouvoir oublier l'ingrate Manon.

Mon père étoit surpris de me voir toujours si fortement touché. Il me connoissoit des principes d'honneur, & ne pouvant douter que sa trahison ne me la fît mépriser, il s'imagina que ma constance venoit moins de cette passion en

par-

particulier que d'un penchant général pour les femmes. Il s'atta-
cha tellement à cette penſée, que
ne conſultant que ſa tendre affection, il vint un jour m'en faire
l'ouverture. Chevalier, me dit-il,
j'ai eû deſſein juſqu'à préſent de
te faire porter la croix de Malte;
mais je vois que tes inclinations
ne ſont point tournées de ce côté-
là. Tu aimes les jolies femmes.
Je ſuis d'avis de t'en chercher une
qui te plaiſe. Explique-moi naturellement ce que tu penſes là-deſſus. Je lui répondis que je ne met-
tois plus de diſtinction entre les
femmes, & qu'après le malheur
qui venoit de m'arriver, je les dé-
teſtois toutes également. Je t'en
chercherai une, réprit mon pére
en ſouriant, qui reſſemblera à Manon, & qui ſera plus fidele. Ah!
ſi vous avez quelque bonté pour
moi, lui dis-je, c'eſt-elle qu'il
faut me rendre. Soyez ſûr, mon
cher pére, qu'elle ne m'a point
trahi, elle n'eſt pas capable d'une
telle lâcheté. C'eſt le perfide B...
qui nous trompe, vous, elle, &
moi.

moi. Si vous sçaviez combien elle est tendre & sincere, si vous la connoissiez, vous l'aimeriez vous-même. Vous étes un enfant, répartit mon pére. Comment pouvez-vous vous aveugler jusqu'à ce point, après ce que je vous ai raconté d'elle? C'est elle-même qui vous a livré à votre frere. Vous dévriez oublier jusqu'à son nom, & profiter si vous étes sage de l'indulgence que j'ai pour vous. Je réconnoissois trop clairement qu'il avoit raison. C'étoit un mouvement involontaire qui me faisoit prendre ainsi le parti de mon infidelle? Helas! répris-je, après un moment de silence, il n'est que trop vrai que je suis le malheureux objet de la plus noire de toutes les perfides. Ouï? continuai-je, en versant des larmes de dépit, je vois bien que je ne suis qu'un enfant. Ma credulité ne leur coûtoit guéres à tromper. Mais je sçais bien ce que j'ai à faire pour me venger. Mon pére voulut sçavoir quel étoit mon dessein. J'irai à Paris, lui dis-je, je mettrai le feu

à la maison de B . . . & je le brû-
lerai tout vif avec la perfide Manon. Cet emportement fit rire
mon pére, & ne servit qu'à me
faire garder plus étroitement dans
ma prison.

J'y passai six mois tous entiers,
pendant le premier desquels il y
eut peu de changement dans mes
dispositions. Tous mes sentimens
n'étoient qu'une alternative perpetuelle de haine, & d'amour, d'esperance ou de désespoir, selon l'i-
dée sous laquelle Manon s'offroit
à mon esprit. Tantôt je ne con-
siderois en elle que la plus aimable de toutes les filles, & je lan-
guissois du désir de la révoir ; tantôt je n'y appercevois qu'une lâche & perfide maitresse & je faisois
mille sermens de ne la chercher que
pour la punir. On me donna des
livres qui servirent à rendre un peu
de tranquillité à mon ame. Je re-
lus tous mes Autheurs. J'acquis
de nouvelles connoissances. Je pris
un goût infini pour l'étude. Vous
verrez de quelque utilité, il me
fut dans la suite. Les lumieres
que

que je devois à l'amour me firent
trouver de la clarté dans quantité
d'endroits d'Horace & de Virgile
qui m'avoient parus obscurs auparavant. Je fis un commentaire
amoureux fur le quatriéme livre de
l'Eneïde; je le déftine à voir le jour,
& je me flâte que le public en
fera fatisfait. Helas! difois-je, en
le faifant, c'étoit un cœur comme
le mien qu'il falloit à la fidelle
Didon. Tiberge vint me voir un
jour dans ma prifon. Je fus furpris
du tranfport avec lequel il m'embraffa. Je n'avois point encore eû
de preuves de fon affection, qui
euffent pû me la faire regarder autrement que comme une fimple
amitié de College, telle qu'elle fe
forme entre des jeunes gens qui
font à peu près du même âgé. Je
le trouvai fi changé, & fi formé
depuis cinq ou fix mois que j'a-
vois paffez fans le voir, que fa figure & le ton de fon difcours
m'infpira quelque refpect. Il me
parla en confeiller fage, plûtôt
qu'en ami d'école. Il plaignit l'é-
garement où j'étois tombé. Il me

C 6 féli-

félicita de ma guérison qu'il cro-
yoit avancée, & il m'exhort a à profiter de cette erreur de jeuneſſe
pour ouvrir les yeux ſur la vanité
des plaiſirs. Je le régardai avec
étonnement. Il s'en apperçût. Mon
cher Chevalier, me dit-il, je ne
vous dis rien qui ne ſoit ſolide-
ment vrai, & dont je ne me ſois
convaincu par un ſerieux examen.
J'avois autant de penchant que vous
vers la volupté ; mais le Ciel m'avoit
donné en même tems du goût
pour la vertu. Je me ſuis ſervi de
ma raiſon pour comparer les fruits
de l'une & de l'autre & je n'ai pas
tardé longtems à en découvrir les
differences. Le ſecours du Ciel
s'eſt joint à mes réflexions. J'ai
conçu pour le monde un mépris
qui n'a point ſon égal. Dévineriez-
vous ce qui m'y retient, ajoûta-
t-il, & ce qui m'empêche de courir à la ſolitude ! C'eſt uniquement
la tendre amitié que j'ai pour vous.
Je connois l'excellence de votre
cœur & de votre eſprit ; Il n'y a
rien de bon dont vous ne puiſſiez
vous rendre capable. Le poiſon du
plaiſir

plaisir vous a fait écarter du chemin. Quelle perte pour la vertu ! Votre fuite d'Amiens m'a causé tant de douleur que je n'ai pas goûté depuis un seul moment de satisfaction. Jugez en par les démarches qu'elle m'a fait faire. Il me raconta qu'après s'être apperçû que je l'avois trompé, & que j'étois parti avec ma maitresse, il étoit monté à cheval pour me suivre; mais qu'ayant sur lui quatre ou cinq heures d'avance, il lui avoit été impossible de me joindre: qu'il étoit arrivé néanmoins à St. Denis une demie-heure avant mon départ; qu'étant bien certain que je me serois arrêté à Paris, il y avoit passé six semaines à me chercher inutilement; qu'il alloit dans tous les lieux où il y avoit apparence qu'il pourroit me trouver, & qu'un jour enfin il avoit reconnu ma maitresse à la Comedie; qu'elle y étoit dans une parure si éclatante, qu'il s'étoit imaginé qu'elle devoit cette fortune à un nouvel amant; qu'il avoit suivi son carosse jusqu'à sa maison, &

C 7

qu'il

qu'il avoit appris d'un domeſtique
qu'elle étoit entretenuë par les liberalitez de Mr. B . . . Je ne
m'arrêtai point là. J'y retournai
le lendemain pour apprendre d'elle-
même ce que vous étiez devenu:
elle me quitta bruſquement lorſqu'elle m'entendit parler de vous,
& je fus obligé de revenir en Province ſans autre éclairciſſement.
J'y ai appris votre avanture & la
conſternation extrême qu'elle vous
a cauſée; je n'ai pas voulu vous
voir que je ne fuſſe aſſuré de vous
trouver plus tranquille.

Vous avez donc vû Manon, lui
répondis-je, en ſoupirant? Helas
vous étes plus heureux que moi,
qui ſuis condamné à ne la revoir
jamais. Il me fit des réproches de
ce ſoupir qui marquoit encore de
la foibleſſe pour elle. Il me flatta
ſi adroitement ſur la bonté de mon
caractere, & ſur mes inclinations,
qu'il me fit naître dès cette premiere viſite une forte envie de renoncer comme lui à tous les plaiſirs du ſiécle, pour entrer dans
l'Etat Eccléſiaſtique. Je goûtai
tel-

tellement cette idée, que lorsque je me trouvai seul je ne m'occupai point d'autre chose. Je me rappellai les discours de Mr. l'Evêque d'Amiens qui m'avoit donné le même conseil, & les présages heureux qu'il avoit formez en ma faveur, s'il m'arrivoit d'embrasser ce parti-là. La pieté se mêla aussi dans mes considérations. Je menerai une vie simple & chrétienne, disois-je, je m'occuperai de l'étude & de la religion, qui ne me permettront point de penser aux dangereux plaisirs de l'amour. Je mépriserai ce que le commun des hommes admire; & comme je sens assez que mon cœur ne desirera que ce qu'il estime, j'aurai aussi peu d'inquiétudes que de désirs. Je formai là-dessus par avance un sistême de vie paisible & solitaire. J'y faisois entrer une maison écartée, avec un petit bois & un ruisseau d'eau pure au bout du jardin; une Bibliotheque composée de Livres choisis; un petit nombre d'amis vertueux & de bon sens, une table propre, mais frugale & moderée.

derée. J'y joignois un commerce
de lettres avec un ami qui demeu-
reroit à Paris , & qui m'informe-
roit des nouvelles publiques ; moins
pour satisfaire ma curiosité que
pour me faire un divertissement des
folles agitations des hommes Ne
serai-je pas heureux ? ajoûtois-je ;
toutes mes prétentions ne seront-
elles pas remplies ? Il est certain
que ce projet flattoit extrêmement
mes inclinations ; mais à la fin d'un
si sage arrangement , je sentois que
mon cœur attendoit encore quelque chose , & que pour n'avoir
rien à désirer dans la plus charmante solitude , il y auroit fallû
être avec Manon.

Cependant Tiberge continuant
de me rendre de fréquentes visites,
dans le dessein qu'il m'avoit inspiré , je pris occasion d'en faire
l'ouverture à mon pére. Il me déclara que ses intentions étoient de
laisser ses enfans libres dans le
choix de leur condition, & que de
quelque maniere que je voulusse
disposer de moi , il ne se reservoit
que le droit de m'aider de ses conseils,

feils. Il m'en donna de forts fages,
qui tendoient moins à me dégoûter de mon projet qu'à me le faire
embraffer avec connoiffance. Le
renouvellement de l'année Sco-
laftique s'aprochoit. Je convins
avec Tiberge de nous mettre enfemble au Seminaire de St. Sulpice; lui pour achever fes études de
Théologie, & moi pour commencer les miennes. Son mérite qui
étoit connu de l'Evêque du Dio-
cefe lui fit obtenir de ce Prélat un
benefice confiderable avant notre
départ.

Mon pére me croïant tout-à-
fait révenu de ma paffion, ne fit
nulle difficulté de me laiffer partir. Nous arrivâmes à Paris. L'habit Ecclefiaftique prit la place de
la Croix de Malte & le nom d'Abbé Des Grieux celle de Chevalier.
Je m'attachai à l'étude avec tant
d'application que je fis des progrez extraordinaires en peu de mois.
J'y emploïois une partie de la nuit,
& je ne perdois pas un moment
du jour. Ma réputatation devint
telle qu'on me félicitoit déja fur

les

les dignitez que je ne pouvois manquer d'obtenir, & fans l'avoir fol-
licité, mon nom fut couché fur
la feuille des benefices. La piété
n'étoit pas plus négligée ! J'avois
de la ferveur pour tous les exercices. Tiberge étoit charmé de ce
qu'il régardoit comme fon ouvrage, & je l'ai vû plufieurs fois répandre des larmes en s'applaudif-
fant de ce qu'il appelloit ma converfion. Que les réfolutions hu-
maines foient fujettes à changer,
c'eft ce qui ne m'a jamais caufé
d'étonnement ; une paffion les fait
naître, une autre paffion peut les
détruire ; mais quand je penfe à
la fainteté de celles qui m'avoient
conduit à St. Sulpice, & à la joïe
interieure que le ciel m'y faifoit
goûter en les exécutant ; je fuis
effraïé de la facilité avec laquelle
j'ai pû les rompre. S'il eft vrai
que les fecours celeftes font à tous
momens d'une force égale à celle
des paffions, qu'on m'explique
donc par quel funefte afcendant
l'on fe trouve emporté tout d'un
coup loin de fon devoir, fans fe
trou-

trouver capable de la moindre ré-
fiftance, & fans reffentir le moindre rémord.   Je me croïois délivré abfolument des foibleffes de
l'amour. Il me fembloit que j'aurois préferé la lecture d'une page
de St. Auguftin , ou un quart
d'heure de méditation chrétienne à
tous les plaifirs des fens , je dis
même à ceux qui m'auroient été
offerts par Manon : cependant un
inftant malheureux me fit rétom-
ber dans le précipice , & ma chûte
fût d'autant plus irréparable , que
me rétrouvant tout d'un coup au
même degré de profondeur d'où
j'étois forti , les nouveaux defordres où je tombai me porterent
bien plus loin vers le fond de l'a-
bîme.

J'avois paffé près d'un an à
Paris fans m'informer des affaires
de Manon. Il m'en avoit d'abord
coûté beaucoup pour me faire violence là deffus ; mais les confeils
toujours préfens de Tiberge , &
mes propres réflexions m'avoient
fait obtenir cette victoire. Les derniers mois s'étoient écoulez fi

tran-

tranquillement , que je me croïois
fur le point d'oublier éternellement cette charmante & perfide
créature. Le tems arriva auquel
je devois foûtenir un exercice public dans l'école de Théologie,
je fis prier plufieurs perfonnes de
confideration de m'honorer de leur
préfence. Mon nom fut ainfi ré-
pandu dans tous les quartiers de
Paris. Il alla jufqu'aux oreilles de
mon infidelle. Elle ne le reconnût pas avec certitude fous le déguifement d'Abbé ; mais un refte
de curiofité , ou bien quelque répentir de m'avoir trahi , je n'ai jamais pû démêler lequel de ces
deux fentimens , lui fit prendre intérêt à un nom fi femblable au
mien ; elle vint en Sorbonne avec
quelques autres Dames. Elle affifta
à mon exercice, & fans doute qu'elle
n'eut nulle peine à me remettre.
Je n'eus pas la moindre connoiffance de cette vifite. On fçait
qu'il y a dans ces lieux des cabi-
nets particuliers pour les Dames ,
où elles font cachées derriere une
jaloufie. Je rétournai à St. Sulpice,

ce, couvert de gloire & chargé de complimens. Il étoit six heures du soir. On vint m'avertir un moment après mon retour qu'une Dame demandoit à me voir. J'allai au parloir sur le champ. Dieux! quelle apparition surprenante ? j'y trouvai Manon. C'étoit elle ; mais plus aimable & plus brillante que je ne l'avois jamais vûë. Elle étoit dans sa dix-huitiéme année. Ses charmes surpassoient tout ce qu'on peut décrire. C'étoit un air si fin, si doux, si engageant ! l'air de l'amour même. Toute sa figure me parût un enchantement.

Je démeurai interdit à sa vûë, & ne pouvant conjecturer quel étoit le dessein de cette visite, j'attendois les yeux baissez & avec tremblement qu'elle s'expliquât. Son embarras fut pendant quelque tems égal au mien ; mais voïant que mon silence continuoit, elle mit la main devant ses yeux pour cacher quelques larmes, elle me dit d'un ton timide qu'elle confessoit que son infidelité méritoit ma haine, mais que s'il étoit vrai que

j'eusse

j'eusse jamais eû quelque tendresse
pour elle , il y avoit eu aussi bien
de la dureté à laisser passer deux
ans sans prendre soin de m'informer d'elle , & qu'il y en avoit
bien encore à la voir dans l'état où
elle étoit en ma présence sans lui
dire une parole. Le desordre de
mon ame en entendant ce discours
ne sçauroit être exprimé. Elle
s'assit, je demeurai débout, le corps
à demi tourné, n'osant l'envisager
directement. Je commençai plusieurs fois une réponse , que je
n'eus pas la force d'achever. Enfin, je fis un effort pour m'écrier
douloureusement; Perfide Manon!
ah! perfide! perfide! Elle me repeta en pleurant à chaudes larmes,
qu'elle ne prétendoit point justifier
sa perfidie. Que prétendez - vous
donc, m'écriai-je encore? Je pre-
tens mourir, répondit-elle, si vous
ne me rendez votre cœur, sans lequel il est impossible que je vive.
Demande donc ma vie, infidelle!
repris-je, en versant moi-même
des pleurs, que je m'efforçai envain de retenir, demande ma vie
qui

qui eſt l'unique choſe qui me reſte
à te ſacrifier ; car mon cœur n'a
jamais ceſſé d'être à toi. A peine
eus - je achevé ces derniers mots
qu'elle ſe leva avec tranſport
pour venir m'embraſſer. Elle m'accabla de mille careſſes paſſionnées.
Elle m'appella par tous les noms
que l'amour invente pour exprimer ſes plus vives tendreſſes. Je
n'y répondois encore qu'avec lan-
gueur. Quel paſſage en effet de la
ſituation tranquille où j'avois été,
aux mouvemens tumultueux que
je ſentois renaître. J'en étois é-
pouvanté. Je frémiſſois comme il
arrive lorſqu'on ſe trouve la nuit
dans une campagne écartée: On
ſe croit tranſporté dans un nouvel ordre de choſes. On y eſt
ſaiſi d'une horreur ſecrette, dont
on ne ſe remet qu'après avoir
conſideré longtems tous les environs.

Nous nous aſſimes l'un auprès
de l'autre. Je pris ſes mains dans les
miennes. Ah! Manon, lui dis-je,
en la regardant d'un œil triſte, je
ne m'étois pas attendu à la noire
tra-

trahifon dont vous avez païé mon amour. Il vous étoit bien facile de tromper un cœur, dont vous étiez la fouveraine abfoluë, & qui mettoit fa félicité à vous plaire & à vous obéir. Ditez moi maintenant fi vous en avez trouvé d'auffi tendres, & d'auffi foumis. Non, non, la nature n'en fait guéres de la même trempe que le mien. Dites-moi, du moins fi vous l'avez quelquefois regretté. Quel fond dois-je faire fur ce retour de bonté qui vous ramene aujourdhui pour le confoler. Je ne vois que trop que vous étes plus charmante que jamais, mais au nom de toutes les peines que j'ai fouffertes pour vous, belle Manon, ditez moi fi vous ferez, plus fidelle. Elle me répondit des chofes fi touchantes fur fon repentir, & elle s'engagea à la fidelité par tant de proteftations & de fermens qu'elle m'attendrit à un degré inexprimable. Chere Manon! lui dis-je, avec un mélange profane d'expreffions amoureufes & Théologiques, Tu es trop adorable pour une créature. Je me
fens

sens le cœur emporté par une dé-
lectation victorieuse. Tout ce qu'on
dit de la liberté à St. Sulpice est
une Chimere. Je vais perdre ma
fortune, & ma réputation pour toi,
je le prévois bien, je lis ma des-
tinée dans tes beaux yeux ; mais de
quelles pertes ne serois-je pas consolé par ton amour ? Les faveurs
de la fortune ne me touchent
point, la gloire me paroît une fu-
mée, tous mes projets de vie Ecclesiastique étoient de folles ima-
ginations, enfin tous les biens differens de ceux que j'espere avec
toi sont des biens méprisables, puisqu'ils ne sçauroient tenir un moment dans mon cœur contre un
seul de tes régards. En lui promettant néanmoins un oubli général de ses fautes, je voulus être
informé de quelle maniere elle s'é-
toit laissée séduire par B . . Elle
m'apprit que l'ayant vûë à sa fenêtre, il étoit dévenu passionné
pour elle ; qu'il avoit fait sa déclaration en Fermier Général,
c'est-à-dire, en lui marquant dans
une lettre que le payement seroit

proportionné aux faveurs ; qu'elle avoit capitulé d'abord , mais sans autre dessein que de tirer de lui quelque somme considérable , qui pût servir à nous faire vivre commodément ; mais qu'il l'avoit éblouie par de si magnifiques promesses qu'elle s'étoit laissée ébranler peu à peu ; que je devois juger pourtant de ses remords par la douleur dont elle m'avoit laissé voir des témoignages la veille de notre séparation. Que malgré l'opulence dans laquelle il l'avoit entretenuë elle n'avoit jamais goûté de bonheur avec lui , non seulement parce qu'elle n'y trouvoit point me ditelle, la délicatesse de mes sentimens, & l'agrément de mes manieres; mais parce qu'au milieu même des plaisirs qu'il lui procuroit sans cesse, elle portoit au fond du cœur le souvenir de mon amour , & le remord de son infidelité. Elle me parla de Tiberge & de la confusion extrême que sa visite lui avoit causée. Un coup d'épée dans le cœur, ajoûta-t-elle, m'auroit moins émû le sang. Je lui tournai le dos sans
pou-

pouvoir foûtenir un moment fa préſence. Elle continua de me raconter par quels moïens elle avoit été inſtruite de mon féjour à Paris, du changement de ma condition, de mes exercices de Sorbonne. Elle m'aſſura qu'elle avoit été ſi agitée pendant la diſpute, qu'elle avoit eû beaucoup de peine, non ſeulement à retenir ſes larmes, mais ſes gémiſſemens mêmes & ſes cris, qui avoient été plus d'une fois ſur le point d'éclater. Enfin elle me dit qu'elle étoit ſortie de ce lieu la derniere pour cacher ſon deſordre; & que ne ſuivant que le mouvement de ſon cœur, & l'impetuoſité de ſes déſirs, elle étoit venuë droit au Seminaire avec la réſolution d'y mourir, ſi elle ne me trouvoit pas diſpoſé à lui pardonner.

Où trouver un barbare qu'un répentir ſi vif & ſi tendre n'auroit pas touché! pour moi j'avoüe que j'aurois ſacrifié pour Manon tous les Evêchez du monde Chrêtien. Je lui démandai quel nouvel ordre, elle jugeoit à propos de met-

tre

tre dans nos affaires. Elle me dit
qu'il falloit fur le champ fortir du
Seminaire, & remettre à nous arranger dans un lieu plus affuré.
Je confentis à toutes fes volontez
fans replique. Elle entra dans fon
caroffe pour aller m'attendre au
coin de la ruë. Je m'échapai un
moment après fans être apperçû
du portier ; je montai avec elle.
Nous paffâmes à la fripperie. Je
répris les galons & l'épée. Manon
fournit aux frais, car j'étois fans
un fou, & dans la crainte que je
ne trouvaffe de l'obftacle à ma
fortie de St. Sulpice, elle n'avoit
pas voulu que je retournaffe un
moment à ma chambre pour y
prendre mon argent. Mon tréfor
d'ailleurs étoit mediocre, & elle
étoit affez riche dés liberalitez de
B . . . pour méprifer fi peu de
chofe. Nous conferâmes chez le
fripier même fur le parti que nous
allions prenre. Pour me faire va-
loir davantage le facrifice qu'elle me
faifoit de B . . . elle réfolut de ne
pas garder avec lui le moindre ménagement. Je veux lui laiffer fes

meubles, me dit-elle, ils font à lui ; mais j'emporterai comme de juſtice les bijoux & environ ſoixante mille francs que j'ai tirez de lui depuis deux ans. Je ne lui ai donné nul pouvoir ſur moi, ajouta-t-elle, ainſi nous pouvons demeurer ſans crainte à Paris, en prenant une maiſon commode où nous vivrons heureuſement enſemble. Je lui repréſentai que s'il n'y avoit point de péril pour elle, il y en avoit beaucoup pour moi qui ne manquerois point tôt ou tard d'être reconnu, & qui ſerois continuellement expoſé au malheur que j'avois déja eſſuyé. Elle me laiſſa entendre qu'elle auroit du regret à quitter Paris. Je craignois tant de la chagriner, qu'il n'y avoit point de hazards que je ne mépriſaſſe pour lui plaire : cependant nous trouvâmes un milieu raiſonnable, qui fut de loüer une maiſon dans quelque village aux environs de Paris, d'où il nous ſeroit aiſé d'aller à la ville, lorſque le plaiſir ou le beſoin nous y appelleroit. Nous choiſîmes Chaillot qui n'en

D 3

eſt

est pas éloigné. Manon retourna
sur le champ chez elle. J'allai
l'attendre à la petite porte du Jardin des Thuileries. Elle revint une
heure après dans un carosse de
loüage avec une fille qui la servoit,
& quelques malles où ses habits
& tout ce qu'elle avoit de précieux
étoit renfermé.

Nous ne tardâmes point à gagner
Chaillot. Nous logeâmes la premiere nuit à l'auberge, pour nous
donner le tems de chercher une maison, ou du moins un appartement
commode. Nous en trouvâmes
dès le lendemain un de notre goût.
Mon bonheur me parût alors établi d'une maniere inebranlable.
Manon étoit la douceur, & la
complaisance même. Elle avoit
pour moi des attentions si délicates, que je me crus trop parfaitement dédommagé de toutes mes
peines passées. Comme nous a-
vions acquis tous deux un peu
d'experience, nous raisonnâmes
sur la solidité de notre fortune.
Soixante-mille francs qui faisoient
le fond de nos richesses n'étoient

pas

pas une somme qui pût s'étendre autant que le cours d'une longue vie.
Nous n'étions pas disposez d'ailleurs à resserrer trop notre dépense. La premiere vertu de Manon,
non plus que la mienne, n'étoit
pas l'œconomie. Voici le plan
que je lui proposai. Soixante mille
francs, lui dis-je, peuvent nous
soutenir pendant dix ans. Deux
mille écus nous suffiront chaque
année si nous continuons de vivre
à Chaillot. Nous y menerons une
vie honnête, mais simple. Notre
unique dépense sera pour l'entretien d'un carosse, & pour les spec-
tacles & les plaisirs de Paris. Nous
nous réglerons; Vous aimez l'o-
pera, nous y irons trois fois la semaine. Pour le jeu nous nous
bornerons tellement, que nos pertes ne passeront jamais dix pistoles. Il est impossible que dans l'es-
pace de dix ans, il n'arrive point
de changement dans ma famille;
mon pére est âgé, il peut mourir.
Je me trouverai du bien, & nous
serons alors au-dessus de toutes
nos autres craintes. Cet arrange-
                    ment

ment n'eût pas été la plus folle
action de ma vie, si nous eussions
été assez sages pour nous y assu-
jettir constamment. Mais nos résolutions ne durerent guéres plus
d'un mois. Manon étoit passionnée pour le plaisir. Je l'étois pour
elle. Il nous naissoit à tous momens de nouvelles occasions de
dépense, & loin de regretter les
sommes qu'elle emploïoit quelquefois avec profusion, je fus le
premier à lui procurer tout ce que
je croïois propre à lui plaire. Notre demeure de Chaillot commença
même à lui devenir à Charge.
L'hyver approchoit, tout le monde retournoit à ville, la campagne
devenoit deserte. Elle me proposa
de reprendre une maison à Paris,
je n'y consentis point ; mais pour
la satisfaire en quelque chose, je
lui dis que nous pouvions y loüer
un appartement meublé, & que
nous y passerions la nuit, lorsqu'il
nous arriveroit de quitter trop tard
l'assemblée, où nous allions plusieurs fois la semaine ; car l'incommodité de revenir si tard à
Chaillot

Chaillot étoit le prétexte qu'elle apportoit pour le vouloir quitter. Nous nous donnâmes ainſi deux logemens l'un à la ville & l'autre à la campagne. Ce changement mit bientôt le dernier deſordre dans nos affaires, en faiſant naître deux avantures qui cauſerent notre ruine.

Manon avoit un frere qui étoit Garde du corps. Il ſe trouva malheureuſement logé à Paris dans la même ruë que nous. Il reconnût ſa ſœur, en la voïant le matin à ſa fenêtre. Il accourût auſſitôt chez nous. C'étoit un homme brutal, & ſans principes d'honneur. Il entra dans notre chambre, en jurant horriblement; & comme il ſçavoit une partie des avantures de ſa ſœur, il l'accabla d'injures, & de reproches. J'étois ſorti un moment auparavant; ce qui fut ſans doute un bonheur pour lui ou pour moi, qui n'étois rien moins que diſpoſé à ſouffrir une inſulte. Je ne retournai au logis qu'après ſon départ. La triſteſſe de Manon me fit juger qu'il s'étoit paſſé quel-

 que

que chofe d'extraordinaire. Elle
me raconta la fcene fâcheufe qu'elle venoit d'effuyer & les menaces
brutales de fon frere. J'en eus
tant de reffentiment, que j'euffe
couru fur le champ à la vengean-
ce, fi elle ne m'eût arrété par fes
larmes. Pendant que je m'entre-
tenois avec elle de cette avanture,
le Garde du corps rentra dans la
chambre où nous étions, fans s'ê-
tre fait annoncer. Je ne l'aurois
pas reçu auffi civilement que je
fis, fi je l'euffe connu, mais nous
aïant falué d'un air riant, il eut le
tems de dire à Manon qu'il venoit
lui faire des excufes de fon emportement, qu'il la croïoit dans le
defordre, & que cette opinion avoit
allumé fa colere ; mais que s'é-
tant informé qui j'étois d'un de
nos domeftiques, il avoit appris
de moi des chofes fi avantageu-
fes, qu'elles lui faifoient défirer
de bien vivre avec nous. Quoique
cette information qui lui venoit
d'un de mes laquais, eût quelque
chofe de bizarre & de choquant,
je reçus fon compliment avec
hon-

honnêteté. Je crûs faire plaisir à Manon. Elle paroissoit charmée de le voir porté à se reconcilier. Nous le retinmes à dîner. Il se rendit en peu de momens si familier, que nous aïant entendu parler de notre retour à Chaillot, il voulût absolument nous tenir compagnie. Il fallut lui donner une place dans notre carosse. Ce fut une prise de possession ; car il s'accoûtuma à nous voir avec tant de plaisir, qu'il fit bientôt sa maison de la notre, & qu'il se rendit le maitre en quelque sorte de tout ce qui nous appartenoit. Il m'appelloit son frere, & sous prétexte de la liberté fraternelle, il se mit sur le pied d'amener tous ses amis dans notre maison de Chaillot, & de les y traiter à nos dépens. Il se fit habiller magnifiquement à nos frais, & il nous engagea à païer toutes ses dettes : je fermois les yeux sur cette tyrannie pour ne pas déplaire à Manon. Je fis même semblant de ne pas m'appercevoir qu'il tiroit d'elle de tems en tems des sommes considerables. Il

D 6   est

vrai qu'étant grand joüeur, il avoit
la fidelité de lui en remettre une
partie, lorfque la fortune le favo-
rifoit. Mais la notre étoit trop
mediocre pour fournir longtems à
des dépenfes fi peu moderées. J'é-
tois fur le point de m'expliquer
fortement avec lui, pour nous délivrer de fes importunitez, lor.-
qu'un funefte accident m'épargna
cette peine, en nous en caufant
une autre qui nous a abîmez fans
reffource.

Nous étions demeurez un jour
à Paris pour y coucher, comme
il nous arrivoit fort fouvent. La
fervante qui reftoit feule à Chaillot dans ces occafions vint m'a-
vertir le matin, que le feu avoit
pris pendant la nuit dans ma maifon, & qu'on avoit eu beaucoup
de difficulté à l'éteindre. Je lui
demandai fi nos meubles avoient
fouffert quelque dommage. Elle
me répondit, qu'il y avoit eu une
fi grande confufion caufée par la
multitude de perfonnes qui étoient
venuës au fecours, qu'elle ne pouvoit être affurée de rien. Je trem-
blai

blai pour notre argent, qui étoit renfermé dans une petite caisse. Je me rendis promptement à Chaillot. Diligence inutile, la caisse avoit déja disparu. J'éprouvai alors qu'on peut aimer l'argent sans être avare. Cette perte me pénétra d'une si vive douleur que j'en pensai perdre la raison. Je compris tout d'un coup à quels nouveaux malheurs, j'allois me trouver exposé. L'indigence étoit le moindre : Je connoissois Manon ; je n'avois déja que trop éprouvé que quelque fidele, & quelque attachée qu'elle me fût dans la bonne fortune ; il ne falloit pas compter sur elle dans la misere. Elle aimoit trop l'abondance & les plaisirs pour me les sacrifier. Je la perdrai, m'écriai-je. Malheureux Chevalier ! tu vas donc perdre encore tout ce que tu aimes ! Cette pensée me jetta dans un trouble si affreux, que je balançai pendant quelques momens, si je ne ferois pas mieux de finir tous mes maux par la mort. Cependant je conservai assez de prudence pour vouloir examiner

au-

auparavant s'il ne me reſtoit nulle
reſſource. Le Ciel me fit naître
une penſée qui arrêta mon déſeſpoir. Je crus qu'il ne me ſeroit
pas impoſſible de cacher notre
perte à Manon, & que ſoit par in-
duſtrie, ſoit par quelque bonheur
de fortune, je pourrois fournir aſſez honnêtement à ſon entretien,
pour l'empêcher de ſentir la néceſſité. J'ai compté, diſois-je, pour
me conſoler, que nos vingt-mille
écus nous ſuffiroient pendant dix
ans ; ſuppoſons que les dix ans
ſoient écoulez ; & que nul des
changemens que j'eſperois ne ſoit
arrivé dans ma famille. Quel parti
prendrois-je ? Je ne le ſçais pas
trop bien ; mais ce que je ferois
alors, qui m'empêche de le faire
aujourd'hui ? Combien de perſonnes vivent à Paris, qui n'ont ni
mon eſprit, ni mes qualitez naturelles, & qui doivent néanmoins
leur entretien à leurs talens, tels
qu'ils les ont ? La Providence,
ajoutois-je, en réflechiſſant ſur les
differens états de la vie, n'a-t-elle pas
arrangé les choſes fort ſagement ?

La

La plûpart des Grands, & des Riches font des fots ; cela eft clair
à qui connoît un peu le monde.
Or il y a une juftice admirable là
dedans. S'ils joignoient l'efprit
aux richeffes, ils feroient trop heureux, & le refte des hommes trop
miferable. Les qualitez du corps
& de l'ame font accordées à ceux-
ci, comme des moïens pour fe tirer
de la mifere & de la pauvreté.
Les uns prennent part aux richeffes des Grands en fervant à leurs
plaifirs, ils en font des dupes :
d'autres fervent à leur inftruction,
ils tachent d'en faire d'honnêtes
gens ; il eft rare à la verité qu'ils
y réuffiffent, mais, ce n'eft pas-là
le but de la divine fageffe : ils ti-
rent toujours un fruit de leurs foins,
qui eft de vivre à leurs dépens ; &
de quelque façon qu'on le prenne,
c'eft un fond excellent de revenu
pour les petits que la fottife des
riches & des Grands.

Ces penfées me remirent un peu
le cœur, & la tête. Je réfolus d'a-
bord d'aller confulter Mr. Lefcaut frere de Manon. Il connoif-
foit

foit parfaitement fon Paris, & je
n'avois eu que trop d'occafion de
reconnoître que ce n'étoit ni de
fon bien ; ni de la paye du Roi
qu'il tiroit fon plus clair revenu.
Il me reftoit à peine vingt piftoles
qui s'étoient trouvées heureufement
dans ma poche. Je lui montrai
ma bourfe, en lui expliquant mon
malheur & mes craintes, & je lui
demandai s'il y avoit pour moi un
milieu à efperer entre mourir de faim
& me caffer la tête de défefpoir. Il
me répondit que fe caffer la tête é-
toit la reffource des fots. Pour mourir de faim, qu'il y avoit quantité de
gens d'efprit qui fe voïoient re-
duits-là quand ils ne vouloient pas
faire ufage de leurs talens ; que
c'étoit à moi à examiner de quoi
j'étois capable ; qu'il m'affuroit
de fon fecours & de fes confeils
dans toutes mes entreprifes. Cela
eft bien vague, Mr. Lefcaut, lui
dis-je, mes befoins demanderoient
un remede plus préfent ; car que
voulez-vous que je dife à Manon ?
A propos de Manon, réprit-il ;
qu'eft-ce qui vous embarraffe ?
N'avez-vous pas toujours avec elle
de-

dequoi finir vos inquietudes quand vous voudrez. Une fille comme elle dévroit nous entretenir, vous, elle, & moi. Il me coupa la réponſe que cette impertinence méritoit, pour continuer de me dire, qu'il me garantiſſoit avant le ſoir mille écus à partager entre nous, ſi je voulois ſuivre ſon conſeil; qu'il connoiſſoit un Seigneur ſi liberal ſur le chapitre des plaiſirs qu'il étoit ſûr que mille écus ne lui coûteroient rien pour paſſer une nuit avec une fille comme Manon. Je l'arrêtai. J'avois meilleure opinion de vous, lui répondis-je, je m'étois figuré que le motif que vous aviez eû de m'accorder votre amitié étoit un ſentiment pour votre ſœur tout oppoſé à celui où vous étes maintenant. Il me confeſſa impudemment qu'il avoit toujours penſé de même, & qu'après avoir paſſé les bornes de l'honneur comme elle avoit fait, il ne ſe feroit jamais reconcilié avec elle, ſi ce n'eût été dans l'eſperance de profiter de ſa mauvaiſe conduite. Il me fut aiſé de juger que nous

avions

avions été ſes duppes juſqu'a-
lors. Quelque émotion néanmoins
que ce diſcours m'eût cauſé, le
beſoin que j'avois de lui m'obligea
de lui répondre en riant, que ſon
conſeil étoit une derniere reſſource, qu'il falloit remettre à l'extrêmité. Je le priai de m'ouvrir quelque autre voïe. Il me propoſa de
profiter de ma jeuneſſe, & de la
figure avantageuſe que j'avois reçuë de la nature pour me mettre
en liaiſon avec quelque Dame
vieille & liberale. Je ne goûtai pas
non plus ce parti, qui m'auroit
rendu infidelle à Manon. Je lui
parlai du jeu comme du moïen le
plus facile, & le plus convenable
à ma ſituation. Il me dit que le
jeu à la verité étoit une reſſource;
mais que cela demandoit d'être
expliqué : qu'entreprendre de joüer
ſimplement avec les eſperances
communes étoit le vrai moïen d'a-
chever ma perte : que de prétendre exercer ſeul, & ſans être ſoû-
tenu, les petits moïens qu'un ha-
bile homme emploïe pour corriger
la fortune, étoit un mêtier trop
dan-

dangereux ; qu'il y avoit une troisiéme voïe, qui étoit celle de l'af-
sociation ; mais que ma jeunesse
lui faisoit craindre que Mrs. les
confederez ne me jugeassent point
encore les qualitez propres à la ligue. Il me promit néanmoins ses
bons offices auprès d'eux, & ce
que je n'aurois pas attendu de lui, il
m'offrit quelque argent, lorsque je
me trouverois pressé du besoin.
L'unique grace que je lui demandai pour le présent, fut de ne rien
apprendre à Manon de la perte que
j'avois faite, & du sujet de notre
conversation.

Je sortis de chez lui moins satisfait encore que je n'y étois entré.
Je me repentis même de lui avoir
confié mon secret. Il n'avoit
rien fait pour moi que je n'eusse
pû en obtenir de même sans cette
ouverture, & je craignois mortellement qu'il ne manquât à la promesse qu'il m'avoit faite de ne rien
découvrir à Manon. J'avois lieu
d'apprehender aussi, par la déclaration qu'il m'avoit faite de ses
sentimens, qu'il ne formât le dessein

sein de tirer parti d'elle en l'enlevant de mes mains ; ou du moins en lui conseillant de me quitter pour s'attacher à un amant plus riche & plus heureux. Je fis làdessus mille réflexions , qui n'aboutirent qu'à me tourmenter & à renouveller le désespoir où j'avois été le matin. Il me vint plusieurs fois à l'esprit d'écrire à mon pére & de feindre une nouvelle conversion , pour obtenir de lui quelque secours d'argent ; mais je me rappellai aussi-tôt que malgré toute sa bonté , il m'avoit resserré six mois dans une étroite prison pour ma premiere faute ; j'étois bien assuré qu'après un éclat tel qu'avoit dû causer ma fuite de St. Sulpice , il me traiteroit beaucoup plus rigoureusement. Enfin , cette confusion de pensées en produisit une qui remit le calme tout d'un coup dans mon esprit, & que je m'étonnai de n'avoir pas eûë plutôt. Ce fut de recourir à mon ami Tiberge ; dans lequel j'étois bien assuré de retrouver toujours le même fond de zéle & d'amitié.

Rien

Rien n'est plus admirable, & ne fait plus d'honneur à la vertu, que la confiance avec laquelle on s'adresse aux personnes dont on connoît parfaitement la probité ; on sent qu'il n'y a point de péril à courir. Si elles ne sont pas toujours en état d'offrir du secours, on est sûr qu'on en obtiendra du moins de la bonté & de la compassion. Le cœur qui se ferme avec tant de soin au reste des hommes, s'ouvre naturellement en leur présence, comme une fleur s'épanouit à la lumiere du soleil, dont elle n'attend qu'une douce & utile influence.

Je regardai comme un effet de la protection du ciel de m'être souvenu si à propos de Tiberge, & je résolus de chercher les moïens de le voir même avant la fin du jour. Je retournai sur le champ au logis pour lui écrire un mot, & lui assigner un lieu propre à notre entretien. Je lui recommandois le silence & la discretion, comme un des plus importans services qu'il pût me rendre dans la situation de mes

af-

affaires. La joïe que l'esperance
de le voir m'inspiroit, effaça les
traces du chagrin que Manon n'auroit pas manqué d'appercevoir sur
mon visage. Je lui parlai de notre
malheur de Chaillot comme d'une
bagatelle qui ne devoit point l'allarmer, & comme Paris étoit le
lieu du monde où elle se voyoit
avec le plus de plaisir, elle ne fut
pas fâchée de m'entendre dire qu'il
étoit à propos d'y demeurer jusqu'à ce qu'on eût réparé à Chaillot quelques legers effets de l'in-
cendie. Une heure après je re-
çeus la réponse de Tiberge, qui
me promettoit de se rendre au lieu
de l'assignation. J'y courus avec
impatience. Je sentois néanmoins
quelque honte d'aller paroître aux
yeux d'un ami, dont la seule présence seroit un reproche de mes
desordres ; mais l'opinion que j'a-
vois de la bonté de son cœur, &
l'interêt de Manon soûtinrent ma
hardiesse. Je l'avois prié de se trouver au jardin du Palais Royal. Il
y étoit avant moi. Il vint m'embrasser aussi-tôt qu'il m'eût apperçû.

cû. Il me tint serré longtems entre
ses bras, & je sentis mon visage
mouillé de ses larmes. Je lui dis
que je ne me présentois à lui qu'a-
vec confusion, & que je portois
dans mon cœur un vif sentiment
de mon ingratitude, que la premiére chose dont je le conjurois
étoit de m'apprendre, s'il m'étoit
encore permis de le regarder comme mon ami, après avoir mérité
si justement de perdre son estime
& son affection. Il me répondit
du ton le plus tendre & le plus naturel, que rien n'étoit capable de
le faire renoncer à cette qualité;
que mes malheurs mêmes, & si je
lui permettois de le dire, mes fautes
& mes desordres avoient rédoublé
sa tendresse pour moi ; mais que
c'étoit une tendresse mêlée de la
plus vive douleur, telle qu'on la
sent pour une personne chere qu'on
voit toucher à sa ruïne sans pouvoir la secourir. Nous nous assîmes sur un banc. Helas ! lui dis-
je, avec un soupir parti du fond
du cœur, votre compassion doit
être excessive, mon cher Tiberge,

fi vous m'affurez qu'elle eft égale
à mes peines. J'ai honte de vous
les laiffer voir ; car je confeffe que
la caufe n'en eft pas glorieufe ;
mais l'effet en eft fi trifte, qu'il
n'eft pas befoin de m'aimer autant
que vous faites pour en être attendri. Il me demanda comme une
marque d'amitié de lui raconter
fans déguifement ce qui m'étoit
arrivé depuis mon départ de St.
Sulpice. Je le fatisfis, & loin d'al-
térer quelque chofe à la verité ou
de diminuer mes fautes pour les
faire trouver plus excufables, je lui
parlai de ma paffion avec toute la
force qu'elle m'infpiroit. Je la lui
repréfentai comme un de ces
coups particuliers du deftin, qui
s'attache à la ruine d'un miferable,
& dont il eft auffi impoffible à la
vertu de fe défendre qu'il l'a été à
la fageffe de les prévoir. Je lui fis
une vive peinture de mes agitations, de mes craintes, du défefpoir où j'étois deux heures avant
que de le voir , & de celui dans
lequel j'allois retomber , fi j'étois
abandonné par mes amis , auffi
im-

impitoïablement que par la fortune; enfin, j'attendris tellement le
bon Tiberge, que je le vis aussi
affligé par la compassion que je
l'étois par le sentiment de mes peines. Il ne se lassoit point de m'embrasser & de m'exhorter à prendre
du courage & de la consolation;
mais comme il supposoit toûjours
qu'il falloit me séparer de Manon,
je lui fis entendre nettement que
c'étoit cette séparation même que
je regardois comme la plus grande
de mes infortunes, & que j'étois
disposé à souffrir non seulement le
dernier excès de la misere, mais
la mort même la plus cruelle, avant
que de recevoir un remede plus
insupportable que tous mes maux
ensemble. Expliquez-vous donc,
me dit-il; quelle espece de secours
suis-je capable de vous donner, si
vous vous revoltez contre toutes
mes propositions? Je n'osois lui
déclarer que c'étoit de sa bourse que
j'avois besoin. Il le comprit pourtant
à la fin, & m'ayant confessé qu'il
croïoit m'entendre, il demeura quelque tems suspendu avec l'air d'une

personne qui balance. Ne croïez pas,
réprit-il bien-tôt, que ma rêverie
vienne d'un refroidissement de zéle
& d'amitié ; mais à quelle alternative me reduisez-vous, s'il faut
que je vous réfuse le seul secours
que vous voulez accepter ; ou que
je blesse mon devoir en vous l'ac-
cordant ; car n'est-ce pas prendre
part à votre desordre que de vous
y faire perséverer ? Cependant,
continua-t-il, après avoir réfléchi
un moment, je m'imagine que c'est
peut-être l'état violent où l'indigence vous jette, qui ne vous laisse
pas assez de liberté pour choisir le
meilleur parti ; il faut un esprit
tranquille pour goûter la sagesse
& la vérité. Je trouverai le moïen
de vous faire avoir quelque argent.
Permettez-moi, mon cher Chevalier, ajoûta-t-il en m'embrassant,
d'y mettre seulement une condition, c'est que vous m'apprendrez
le lieu de votre demeure, & que
vous souffrirez que je fasse du
moins mes efforts pour vous ramener à la vertu que je sçai que
vous aimez, & dont il n'y a que

la

la violence de vos paſſions qui vous écarte. Je lui accordai ſincerement tout ce qu'il ſouhaitoit, & je le priai de plaindre la malignité de mon ſort, qui me faiſoit profiter ſi mal des conſeils d'un ami ſi vertueux. Il me mena auſſi-tôt chez un Banquier de ſa connoiſſance, qui m'avança cent piſtoles ſur ſon billet; car il n'étoit rien moins qu'en argent comptaut. J'ai déja dit qu'il n'eſt pas riche. Son benefice valoit deux mille francs; mais comme c'étoit la premiére année qu'il le poſſedoit, il n'avoit encore rien touché du revenu; c'étoit ſur les fruits futurs qu'il me faiſoit cette avance.

Je ſentis tout le prix de ſa généroſité. J'en fus touché juſqu'au point de déplorer l'aveuglement d'un amour fatal, qui me faiſoit violer tous les devoirs. La vertu eut aſſez de force pendant quelques momens pour s'élever dans mon cœur contre ma paſſion, & j'apperçus du moins dans cet inſtant de lumiere, la honte, & l'indignité de mes chaînes. Mais ce

combat

combat fut leger & dura peu. La vûë de Manon m'auroit fait précipiter du ciel, & je m'étonnai en me retrouvant auprès d'elle, que j'euſſe pû traiter un moment de honteuſe une tendreſſe ſi juſte pour un objet ſi charmant.

Manon étoit une créature d'un caractere extraordinaire. Jamais fille n'eut moins d'attachement qu'elle pour l'argent, & elle ne pouvoit néanmoins être tranquille un moment avec la crainte d'en manquer. C'étoit du plaiſir & des paſſe-tems qu'il lui falloit. Elle n'eût jamais voulu toucher un ſou, ſi l'on pouvoit ſe divertir ſans qu'il en coûte. Elle ne s'informoit pas même quel étoit le fond de nos richeſſes, pourvû qu'elle pût paſſer agréablement la journée, de ſorte que n'étant ni exceſſivement addonnée au jeu, ni d'humeur à aimer le faſte des grandes dépenſes, rien n'étoit plus facile que de la ſatisfaire, en lui faiſant naître tous les jours des amuſemens de ſon goût ; mais c'étoit une choſe ſi néceſſaire pour elle d'être ainſi occupée par le

plaiſir

plaifir qu'il n'y avoit par le moindre fond à faire fans cela fur fon
humeur , & fur fes inclinations.
Quoiqu'elle m'aimât tendrement,
& que je fuffe le feul , comme
elle en convenoit volontiers , qui
pût lui faire goûter parfaitement
les douceurs de l'amour , j'étois
prefque certain que fa tendreffe ne
tiendroit point contre de certaines
craintes. Elle m'auroit préferé à
toute la terre avec une fortune
mediocre ; mais je ne doutois nullement qu'elle ne m'abandonnât
pour quelque nouveau B . . .
lorfqu'il ne me refteroit que de
la confiance & de la fidélité à lui
offrir. Je réfolus donc de régler
fi bien ma dépenfe particuliere, que
je fuffe toujours en état de fournir
aux fiennes, & de me priver plutôt
de mille chofes néceffaires que de la
borner même pour le fuperflu. Le
caroffe m'effraïoit plus que tout le
refte, car il n'y avoit point d'apparence de pouvoir entretenir des
chevaux, & un cocher. Je découvris ma peine à Mr. Lefcaut. Je
ne lui avois point caché que j'euffe
reçu cent piftoles d'un ami. Il me

repeta que si je voulois tenter le hazard du jeu, il ne désesperoit point qu'en sacrifiant de bonne grace une centaine de francs pour traiter ses associez, je ne pusse être admis à sa recommandation dans la ligue de l'industrie. Quelque répugnance que j'eusse à tromper, je me laissai entraîner par la nécessité.

Mr. Lescaut me présenta le soir même, comme un de ses parens; il ajoûta que j'étois d'autant mieux disposé à réüssir, que j'avois besoin des plus grandes faveurs de la fortune. Cependant pour faire connoître que ma misere n'étoit pas celle d'un homme de néant, il leur dit que j'étois dans le dessein de leur donner à souper. L'offre fut acceptée. Je les traitai magnifiquement. On s'entretint long-tems de la gentillesse de ma figure, & de mes heureuses dispositions. On prétendit qu'il y avoit beaucoup à esperer de moi, parce qu'aïant quelque chose dans la phisionomie qui sentoit l'honnête homme, personne ne se défieroit de mes artifices. Enfin on remercia
Mr

Mr. Lefcaut d'avoir procuré à l'ordre un novice de mon mérite, & l'on chargea un des Chevaliers de me donner, pendant quelques jours, les inftructions néceffaires. Le principal théatre de mes exploits devoit être l'Hôtel de Tranfilvanie, où il y avoit une table de Pharaon dans une falle, & divers autres jeux de cartes & de dez dans la galerie. Cette Académie fe tenoit au profit de Mr. le Prince de R . . . qui demeuroit alors à Clagny, & la plûpart de fes officiers étoient de notre focieté. Je profitai en peu de tems des leçons de mon maitre. J'acquis fur tout beaucoup d'habileté à faire une volte-face, à filer la carte, & avec le fecours d'une longue paire de Manchettes j'efcamottois affez proprement pour tromper les yeux des plus habiles, & ruïner fans affectation quantité d'honnêtes joueurs. Cette adreffe extraordinaire hâta fi fort les progrez de ma fortune, que je me trouvai en peu de femaines des fommes confiderables, outre celles que je parta-

geois

geois de bonne foi avec mes affociez. Je ne craignis plus alors de découvrir à Manon notre perte de Chaillot, & pour la confoler en lui apprenant cette fâcheufe nouvelle, je loüai une maifon garnie où nous nous établîmes avec un air d'opulence & de propreté.

Tiberge n'avoit pas manqué pendant ce tems-là de me rendre de fréquentes vifites. Sa morale ne finiffoit point. Il recommençoit fans ceffe à me réprefenter le tort que je faifois à ma confcience, à mon honneur & à ma fortune. Je recevois fes avis avec amitié, & quoique je n'euffe pas la moindre difpofition à les fuivre, je lui fçavois bon gré de fon zéle, parce que j'en connoiffois la fource. Quelquefois je le raillois agréablement dans la préfence même de Manon ; & je l'exhortois à n'être pas plus fcrupuleux que la plûpart des Evêques, & des autres Prêtres, qui fçavent accorder fort bien une maitreffe avec un benefice. Voyez, lui difois-je, en lui montrant les yeux de la mienne, &

dites

dites moi s'il y a des fautes qui ne
foient pas juſtifiées par une ſi belle
cauſe. Il prenoit patience & il la
pouſſa juſqu'à un certain point ;
mais lorſqu'il vit que mes richeſſes
s'augmentoient & que non ſeulement je lui avois reſtitué ſes cent
piſtoles, mais qu'ayant loüé une
nouvelle maiſon & embelli mon
équipage , j'allois me réplonger
plus que jamais dans les plaiſirs,
il changea entiérement de ton &
de maniéres. Il ſe plaignit de mon
endurciſſement, il me menaça des
châtimens du ciel, & il me prédit
une partie des malheurs qui ne tar-
derent guéres à m'arriver. Il eſt
impoſſible, me dit-il, que les richeſſes qui ſervent à l'entretien de
vos deſordres, vous ſoient venues
par des voïes légitimes. Vous les
avez acquiſes injuſtement , elles
vous ſeront ravies de même. La
plus terrible punition de Dieu ſeroit
de vous en laiſſer jouir tranquillement. Tous mes conſeils, ajoûta-il,
vous ont été inutiles , je ne prévois
que trop qu'ils vous ſeroient bientôt importuns. Adieu ingrat & foible ami : puiſſent vos criminels
E 5

plaiſirs

plaifirs s'évanouïr comme une ombre ! Puiffe votre fortune, & votre
argent périr fans reffource, & vous
refter feul & nud pour fentir la
vanité des biens qui vous ont fol-
lement enyvré ! C'eft alors que
vous me retrouverez difpofé à
vous aimer & à vous fervir ; mais
je romps aujourd'hui tout commerce avec vous , & je détefte la vie
que vous menez. Ce fut dans ma
chambre , aux yeux de Manon,
qu'il me fit cette harangue Apo-
ftolique. Il fe leva pour fe retirer.
Je voulus le retenir ; mais je fus
arrêté par Manon , qui me dit,
que c'étoit un fou qu'il falloit laiffer fortir.

Son difcours ne laiffa pas de
faire quelque impreffion fur moi.
Je remarque ainfi les diverfes occafions , où mon cœur fentit un
retour vers le bien, parce que c'eft
à ce fouvenir que j'ai dû enfuite
une partie de ma force dans les
plus malheureufes circonftances de
ma vie. Les careffes de Manon
diffiperent en un moment le chagrin que cette fcene m'avoit caufé.

fé. Nous continuâmes de mener une vie toute compofée de plaifir & d'amour. L'augmentation de nos richeffes redoubla notre affection. Venus, & la Fortune n'avoient point d'efclaves plus heureux, & plus tendres. Dieux! Pourquoi appeller le monde un lieu de miferes, puis qu'on y peut goûter de fi charmantes délices! mais helas! leur foible eft de paffer trop vîte. Quelle autre felicité voudroit-on fe propofer, fi elles étoient de nature à durer toujours. Les notres eurent le fort commun, c'eft-à-dire, de durer peu, & d'être fuivies par des regrets amers. J'avois fait au jeu des gains fi confiderables, que je penfois à placer une partie de mon argent. Mes domeftiques n'ignoroient pas mes fuccès, furtout mon valet de chambre, & la fuivante de Manon, devant lefquels nous nous entretenions fouvent fans défiance. Cette fille étoit jolie. Mon valet en étoit amoureux. Ils avoient à faire à des maîtres jeunes & faciles, qu'ils s'imaginerent pouvoir tromper ai-

fément

fément. Ils en conçurent le deſſein
& ils l'executérent ſi malheureuſement pour nous qu'ils nous mirent dans un état, dont il ne nous
a jamais été poſſible de nous ré-
lever.

Mr. Leſcaut nous aïant un jour
donné à ſouper, il étoit environ minuit lorſque nous retournâmes au
logis. J'appellai mon valet, & Manon ſa fille de chambre; ni l'un,
ni l'autre ne parurent. On nous
dit qu'ils n'avoient point été vûs
dans la maiſon depuis huit heures,
& qu'ils étoient ſortis après avoir
fait tranſporter quelques caiſſes
ſelon les ordres qu'ils diſoient avoir
reçûs de moi. Je preſſentis une
partie de la vérité; mais je ne formai point de ſoupçons qui ne fuſ-
ſent ſurpaſſez par ce que j'apperçus en entrant dans ma chambre.
La ſerrure de mon cabinet avoit
été forcée, & mon argent enlevé
avec tous mes habits. Dans le
tems que je réflechiſſois ſeul ſur
cet accident, Manon vint toute
effraïée m'apprendre qu'on avoit
fait le même ravage dans ſon ap-

par-

partement. Le coup me parût ſi cruel qu'il n'y eût qu'un effort extraordinaire de raiſon qui m'empêcha de me livrer aux cris & aux pleurs. La crainte de communiquer mon déſeſpoir à Manon me fit affecter de prendre un viſage tranquille. Je lui dis en badinant que je me vangerois ſur quelque duppe à l'Hôtel de Tranſilvanie. Cependant elle me ſembla ſi ſenſible à notre malheur, que ſa triſteſſe eut bien plus de force pour m'affliger, que ma joye feinte n'en avoit eu pour l'empêcher d'être trop abatuë. Nous ſommes perdus, me dit-elle, les larmes aux yeux. Je m'efforçai en vain de la conſoler par mes careſſes. Mes propres pleurs trahiſſoient mon déſeſpoir, & ma conſternation. En effet nous étions ruinez ſi abſolument qu'il ne nous reſtoit pas une chemiſe.

Je pris le parti d'envoyer chercher ſur le champ Mr. Leſcaut. Il me conſeilla d'aller à l'heure même chez Mr. le Lieutenant de Police, & Mr. le Grand Prévôt de Paris. J'y allai ; mais ce fût pour mon plus

E 7

grand

grand malheur ; car outre que cette démarche, & celles que je fis
faire à ces deux Officiers de Justi-
ce, ne produisirent rien, je donnai
le tems à Lescaut d'entretenir sa
sœur, & de lui inspirer pendant
mon absence une horrible résolution. Il lui parla de M. de M..
G..., vieux voluptueux qui
païoit prodiguement les plaisirs,
& il lui fit envisager tant davanta-
ges à se mettre à sa solde, que
troublée comme elle étoit par notre disgrace, elle entra dans tout
ce qu'il entreprit de lui persuader.
Cet honorable marché fut conclu
avant mon retour, & l'exécution
remise au lendemain, après que
Lescaut auroit prévenu Mr. de
M.. G... Je le retrouvai
qui m'attendoit au logis ; mais Manon s'étoit couchée dans son appartement, & elle avoit donné
ordre à un laquais de me dire qu'a-
yant besoin d'un peu de répos, elle
me prioit de la laisser seule pendant cette nuit. Lescaut me quitta
après m'avoir offert quelques pistoles que j'acceptai. Il étoit presque

que quatre heures lorſque je me mis au lit, & m'y étant encore entretenu longtems des moïens de rétablir ma fortune, je m'endormis ſi tard que je ne pus me réveiller que vers les onze heures. Je me levai promptement pour m'aller informer de la ſanté de Manon. On me dit qu'elle étoit ſortie une heure auparavant avec ſon frere, qui l'étoit venu prendre dans un caroſſe de loüage. Quoiqu'une telle partie faite avec Leſcaut me parût miſterieuſe, je me fis violence pour ſuſpendre mes ſoubçons. Je laiſſai couler quelques heures que je paſſai à lire. Enfin n'étant plus le maître de mon inquiétude, je me promenai à grands pas dans nos appartemens. J'apperçus dans celui de Manon une lettre cachetée qui étoit ſur ſa table. L'adreſſe étoit à moi, & l'écriture de ſa main. Je l'ouvris avec un friſſon mortel : elle étoit dans ces termes.

Je te jure, mon cher Chevalier, que tu es l'idole de mon cœur, & qu'il n'y a que toi au monde que

je

je puisse aimer de la façon dont je t'aime ; mais ne vois-tu pas, ma pauvre chere ame, que dans l'état où nous sommes réduits, c'est une sotte vertu que la fidelité ? crois-tu qu'on puisse être bien tendre lorsqu'on manque de pain ? La faim me causeroit quelque méprise fatale, je rendrois quelque jour le dernier soupir en croïant en pousser un d'amour. Je t'adore, compte là-dessus, mais laisse moi pour quelque tems le ménagement de notre fortune. Malheur à qui va tomber dans mes filets, je travaille pour rendre mon Chevalier riche, & heureux. Mon frere t'apprendra des nouvelles de ta Manon, & qu'elle a pleuré de la nécessité de te quitter.

Je demeurai après cette lecture dans un état qui me seroit difficile à décrire ; car j'ignore encore aujourd'hui par quelle espece de sentimens, je fus alors agité. Ce fut une de ces situations uniques auxquelles on n'a rien éprouvé qui soit semblable ; on ne sçauroit les expliquer

aux

aux autres, parce qu'ils n'en ont pas l'idée; & l'on a peine à se les bien démêler à soi-même ; parce qu'étant seules de leur espece cela ne se lie à rien dans la mémoire, & ne peut même être raproché d'aucuns sentimens connus. Cependant de quelque nature que les miens fussent , il est certain qu'il devoit y entrer de la douleur, du dépit, de la jalousie, & de la honte. Heureux, s'il n'y fût pas entré encore plus d'amour ! Elle m'aime, je le veux croire, mais ne faudroit - il pas m'écriai - je, qu'elle fût un monstre pour me haïr ? Quels droits eut-on jamais sur un cœur, que je n'aye pas sur le sien ? que me reste-t-il à faire pour elle, après tout ce que je lui ai sacrifié ? Cependant elle m'abandonne, & l'ingrate se croit à couvert de mes reproches, en me disant, qu'elle ne cesse pas de m'aimer. Elle apprehende la faim ; Dieu d'amour ! quelle grossiereté de sentimens, & que cela répond mal à ma délicatesse ! Je ne l'ai pas apprehendée, moi qui m'y ex-

pose

poſe ſi volontiers pour elle en ré-
nonçant à ma fortune, & aux douceurs de la maiſon de mon pére;
moi qui me ſuis retranché juſqu'au
néceſſaire, pour ſatisfaire ſes petites humeurs & ſes caprices : elle
m'adore, dit-elle! ſi tu m'adorois,
ingrate, je ſçais bien de qui tu
aurois pris des conſeils ; tu ne
m'aurois pas quitté du moins ſans
me dire adieu. C'eſt à moi qu'il
faut demander quelles peines cruelles on ſent à ſe ſéparer de ce qu'on
adore. Il faudroit avoir perdu
l'eſprit pour s'y expoſer volontairement.

Mes plaintes furent interrompuës par une viſite à laquelle je ne
m'attendois pas. Ce fut celle de
Leſcaut. Bourreau! lui dis-je, en
mettant l'épée à la main, où eſt
Manon? qu'en as-tu fait? Ce
mouvement l'effraïa, il me répondit que ſi c'étoit ainſi que je le
recevois, lorſqu'il venoit me rendre compte du ſervice le plus conſiderable qu'il eût pû me rendre,
il alloit ſe retirer & ne remettroit
jamais le pied chez moi. Je courus

rus à la porte de la chambre, que je fermai foigneufement. Ne t'imagine pas, lui dis-je, en me retournant, que tu puifles me prendre encore une fois pour duppe, & me tromper par des fables. Il faut défendre ta vie, ou me faire retrouver Manon. Là! que vous étes vif! repartit-il; c'eft l'unique fujet qui m'amene. Je viens vous annoncer un bonheur auquel vous ne penfez pas, & pour lequel vous reconnoîtrez peut-être que vous m'avez quelque obligation. Je voulus être éclairci fur le champ. Il me raconta que Manon ne pouvant foûtenir la crainte de la mifere, & fur-tout l'idée d'être obligée tout d'un coup à la réforme de notre équipage, l'avoit prié de lui procurer la connoiffance de Mr. de M. G. qui paffoit pour un homme généreux. Il n'eut garde de me dire que le confeil étoit venu de lui, ni qu'il eût préparé les voïes avant que de l'y conduire. Je l'y ai menée ce matin, continua t-il, & cet honnête homme a été fi charmé de fon mérite, qu'il l'a invitée

vitée d'abord à lui tenir compagnie à sa maison de campagne, où il est allé passer quelques jours. Moi, ajoûta Lescaut, qui ai pénétré tout d'un coup de quel avantage cela pouvoit être pour vous, je lui ai fait entendre adroitement que Manon avoit essuïé des pertes considérables, & j'ai tellement piqué sa générosité, qu'il a commencé par lui faire un présent de deux cens pistoles. Je lui ai dit que cela étoit honnête pour le présent; mais que l'avenir ameneroit à ma sœur, de grands besoins; qu'elle s'étoit chargée d'ailleurs du soin d'un jeune frere qui nous étoit resté sur les bras, après la mort de nos pére & mére, & que s'il la croïoit digne de son estime, il ne la laisseroit pas souffrir dans ce pauvre enfant, qu'elle régardoit comme la moitié d'elle-même. Ce recit l'a attendri, il s'est engagé à loüer une maison commode pour vous & pour Manon; car c'est vous-même qui étes ce pauvre petit frere si à plaindre; il a promis de vous meubler proprement, & de vous

fournir

fournir tous les mois quatre cens
bonnes livres qui en feront fi je
compte bien quatre mille huit cens
à la fin de chaque année. Il a
laiffé ordre à fon Intendant avant
que de partir pour fa campagne,
de chercher une maifon , & de la
tenir préparée pour fon rétour.
Vous reverrez alors Manon , qui
m'a chargé de vous embraffer
mille fois pour elle, & de vous
affurer qu'elle vous aime plus que
jamais.

Je m'affis en rêvant à cette bizarre difpofition de mon fort. Je
me trouvai dans un partage de fentimens & par conféquent dans une
incertitude fi difficile à terminer,
que je demeurai longtems fans répondre à quantité de queftions que
Lefcaut me faifoit l'une fur l'autre. Ce fut dans ce moment que
l'honneur & la vertu me firent fentir encore les pointes du remord,
& que je jettai les yeux en foupirant, vers Amiens, vers la maifon de
mon pére, vers St. Sulpice, & vers
tous les lieux où j'avois vêcu dans
l'innocence. Par quel efpace im-
menfe

menfe n'étois - je pas féparé de cet
heureux état! je ne le voïois plus
que de loin, comme une ombre
qui s'attiroit encore mes regrets &
mes défirs, mais qui étoit trop
foible pour exciter mes efforts. Par
quelle fatalité, difois-je, fuis-je
devenu fi criminel? l'amour eft
une paffion innocente; comment
s'eft - il changé pour moi en une
fource de miferes, & de defordres?
Qui m'empêchoit de vivre tranquille, & vertueux avec Manon?
Pourquoi ne l'époufois-je point
avant que d'obtenir rien de fon
amour? Mon pére, qui m'aimoit
fi tendrement, n'y auroit-il pas
confenti, fi je l'en euffe preffé
avec des inftances légitimes! Ah!
il l'auroit cherie lui-même comme
une fille charmante, trop digne
d'être l'époufe de fon fils; je ferois heureux avec l'amour de Manon, avec l'affection de mon pére,
avec l'eftime des honnêtes gens,
avec les biens de la fortune, & la
tranquilité de la vertu. Revers
funefte! Quel eft l'infame perfonnage qu'on vient ici me propofer?

ser ? Quoi j'irai partager … mais
y a-t-il à balancer , si c'est Manon qui l'a réglé , & si je la perds
sans cette complaisance ? Mr. Lescaut , m'écriai-je , en fermant
les yeux comme pour écarter de si
chagrinantes réflexions , si vous
avez eu dessein de me servir je
vous rends graces. Vous auriez
peut-être pû prendre une voïe
plus honnête; mais c'est une chose
finie, n'est-ce pas ? ne pensons
donc plus qu'à profiter de vos
soins , & à remplir votre projet.
Lescaut à qui ma colere & ensuite mon silence avoient causé de
l'embarras, fut ravi de me voir prendre un parti tout different de celui
qu'il avoit apprehendé pendant
quelque momens; il n'étoit rien
moins que brave, j'en eus encore
de meilleures preuves dans la suite.
Ouï, ouï, se hâta-t il de me répondre, c'est un fort bon service que
je vous ai rendu, & vous verrez
que nous en tirerons plus d'avantage que vous ne pensez. Nous
concertâmes de quelle maniere
nous pourrions prévenir les dé-
fiances

fiances que Mr. M. G . . . pourroit avoir de notre fraternité en me
voyant plus grand , & un peu plus
âgé peut-être qu'il ne fe l'imaginoit. Nous ne trouvâmes point
d'autre moyen que de prendre devant lui un air fimple & provin-
cial , & de lui faire croire que j'é-
tois dans le deffein d'entrer dans
l'état Ecclefiaftique, & que j'allois pour cela tous les jours au
college. Nous réfolumes auffi que
je me mettrois fort mal, la premiere fois que je ferois admis à
l'honneur de le faluër. Il revint à
la ville cinq ou fix jours après. Il
conduifit lui - même Manon dans
la maifon que fon Intendant avoit
eû foin de tenir prête. Elle fit
avertir auffi-tôt fon frere de fon
retour , & celui-ci m'en ayant donné avis , nous nous rendimes tous
deux chez elle. Le vieil amant en
étoit déja forti.

Malgré la réfignation avec laquelle je m'étois foumis à fes volontez , je ne pûs réprimer le mur-
mure de mon cœur en la revoïant.
Je lui parus trifte & languiffant.

La

La joïe de la rétrouver ne l'em-
portoit pas tout-à-fait fur le chagrin de fon infidelité. Elle au
contraire paroiffoit tranfportée du
plaifir de me revoir. Elle me fit
des réproches de ma froideur. Je
ne pus m'empêcher de laiffer échaper les mots de perfide & d'infidelle,
que j'accompagnai d'autant de foupirs. Elle me railla d'abord de ma
fimplicité ; mais lorfqu'elle vit mes
regards s'attacher toujours triftement fur elle, & la peine que j'a-
vois à digerer un changement fi
contraire à mon humeur & à mes
défirs, elle paffa feule dans fon
cabinet. Je la fuivis un moment
après. Je l'y trouvai toute en
pleurs. Je lui demandai ce qui les
caufoit. Il t'eft bien aifé de le voir,
me dit - elle ; comment veux - tu
que je vive, fi ma vûë n'eft plus propre qu'à te caufer un air fombre
& chagrin? tu ne m'a pas fait une
feule careffe depuis une heure que
tu es ici, & tu as reçeu les miennes avec la majefté du grand Turc
au Serrail. Ecoutez Manon , lui
répondis-je en l'embraffant, je ne

puis vous cacher que j'ai le cœur
mortellement affligé? Je ne parle
point à préfent des allarmes où
votre fuite imprévûë m'a jetté,
ni de la cruauté que vous avez eû
de m'abandonner fans me dire un
mot de confolation, & après avoir
paffé la nuit dans un autre lit que
moi. Le charme de votre préfence
m'en feroit bien oublier davantage. Mais croïez-vous que je puiffe
penfer fans foupirs & même fans
larmes, continuai-je, en en verfant
quelques - unes, à la trifte & malheureufe vie que vous voulez que
je méne dans cette maifon. Laif-
fons ma naiffance, & mon honneur à part; ce ne font plus ces
raifons legeres qui doivent entrer
en concurrence avec un amour
tel que le mien; mais cet amour
même ne vous imaginez-vous pas
qu'il gémit de fe voir fi mal ré-
compenfé, je n'ofe dire traité fi
tyranniquement par une ingrate &
dure maitreffe? Elle m'interrompit, tenez, dit-elle, mon Chevalier; il eft inutile de me tourmenter par des réproches qui me per-

çent

çent la cœur, lorsqu'ils viennent
de vous. Je vois ce qui vous blef-
fe. J'avois efperé que vous con-
fentiriez au projet que j'avois fait
pour rétablir un peu notre fortune, & c'étoit pour ménager votre
délicateffe que j'avois commencé
à l'exécuter fans votre participation, mais j'y rénonce puisque
vous ne l'approuvez pas. Elle
ajoûta, qu'elle ne me démandoit
qu'un peu de ma complaifance
pour le refte du jour ; qu'elle avoit
déja reçû deux cens piftoles de
fon vieil amant, & qu'il lui avoit
promis de lui apporter le foir un
beau collier de perles avec d'autres bijoux, & par deffus cela la
moitié de la penfion qu'il lui avoit
promife châque année. Laiffez
moi feulement le tems, me dit-
elle, de recevoir fes préfens, je
vous jure qu'il n'aura pas la fatisfaction d'avoir paffé une feule nuit
avec moi, car je l'ai remis, jufqu'à préfent à la ville. Il eft vrai
qu'il m'a baifé plus d'un million
de fois les mains ; il eft jufte qu'il

 paie

païe ce plaifir, & ce ne fera point trop que cinq ou fix mille francs en proportionnant le prix à fes richef-fes & à fon âge.'

Sa réfolution me fut beaucoup plus agréable que l'efperance des 5000. livres. J'eus lieu de recon-noître que mon cœur n'avoit point encore perdu tout fentiment d'hon-neur, puifqu'il étoit fi fatisfait d'échaper à l'infamie. Mais j'étois né pour les courtes joyes, & les longues douleurs. La fortune ne me délivra d'un précipice que pour me faire tomber dans un autre; lorfque j'eus marqué à Manon par mille careffes, combien je me croïois heureux de fon change-ment, je lui dis qu'il falloit en inftruire Mr. Lefcaut, afin que nos mefures fe priffent de concert. Il en murmura d'abord, mais les quatre ou cinq mille livres d'ar-gent comptant le firent entrer dans mes raifons. Il fut donc réglé que nous nous trouverions tous à fou-per avec Mr. de G. M., & cela pour deux raifons : l'une pour nous don-

ner

ner le plaisir d'une scene agréable, en me faisant passer pour un écolier frere de Manon ; l'autre pour empêcher ce vieux libertin de s'émanciper trop avec ma maitresse, par le droit qu'il croiroit s'être acquis en païant si liberalement d'avance. Nous devions nous retirer Lescaut & moi, lorsqu'il monteroit à la chambre où il comptoit de passer la nuit, & Manon au lieu de le suivre nous promit de sortir & de la venir passer avec moi. Lescaut se chargea du soin d'avoir exactement un carosse à la porte.

L'heure du souper étant venuë Mr. de G. M. ne se fit pas attendre longtems. Lescaut étoit avec sa sœur dans la salle. Le premier compliment du vieillard fût d'offrir à sa belle un collier, des bracelets, & des pendants de perles qui valoient au moins cent pistoles. Il lui compta ensuite en beaux louïs d'or la somme de deux mille quatre cent livres qui faisoient la moitié de la pension. Il assaisonna son présent de quantité de dou-

ceurs

ceurs dans le goût de la vieille Cour.
Manon ne pût lui refuser quelques
baisers ; c'étoit autant de droits
qu'elle acqueroit sur la somme
qu'il lui mettoit entre les mains.
J'étois à la porte où je prêtois
l'oreille, en attendant que Lescaut
m'avertit d'entrer. Il vint me prendre par la main, lorsque Manon
eut serré l'argent & les bijoux, &
me conduisant vers Mr. de G. M.
il m'ordonna de lui faire la reverence. J'en fis deux ou trois des
plus profondes. Excusez, Monsieur,
lui dit Lescaut, c'est un enfant
fort neuf. Il est bien éloigné comme vous voïez d'avoir les airs de
Paris, mais nous esperons qu'un
peu d'usage le façonnera. Vous
aurez l'honneur de voir ici souvent Monsieur, ajoûta-t-il, en se
tournant vers moi, faites bien votre profit d'un si bon modele. Le
vieil amant parût prendre plaisir à
me voir. Il me donna deux ou
trois petits coups sur la jouë, en
me disant que j'étois un joli garçon, mais qu'il falloit être sur
mes gardes à Paris, où les jeunes
gens

gens se laissent aller facilement à la débauche. Lescaut l'assura que j'étois naturellement si sage, que je ne parlois que de me faire Prêtre, & que tout mon plaisir étoit à faire de petites Chapelles. Je lui trouve de l'air de Manon, réprit le vieillard en me haussant le menton avec la main. Je répondis d'un air niais, Monsieur, c'est que nos deux chairs se touchent de bien proche; aussi j'aime ma sœur Manon comme un autre moi-même. L'entendez vous, dit-il à Lescaut; il a de l'esprit. C'est dommage que cet enfant - là n'ait pas un peu plus de monde. Ho, Monsieur, répris-je, j'en ai vû beaucoup chez nous dans les Eglises, & je crois bien que j'en trouverai de plus sots que moi à Paris. Voïez, ajoûta-t-il, cela est admirable pour un enfant de Province. Toute notre conversation fut à peu près du même goût pendant le souper. Manon qui étoit badine fut sur le point plusieurs fois de gâter tout en éclatant de rire. Je trouvai

F 4

l'oc-

l'occafion en foupant de lui raconter fa propre hiftoire , & le
mauvais fort qui le menaçoit.
Lefcaut, & Manon trembloient
pendant mon recit, fur tout lorfque je faifois fon portrait au naturel ; mais j'étois bien fûr que l'a-
mour propre l'empêcheroit de s'y
reconnoître , & je l'achevai fi
adroitement qu'il fut le premier à
le trouver fort rifible. Vous verrez
que ce n'eft pas fans raifon que je
me fuis étendu fur cette ridicule
fcene. Enfin l'heure de fe coucher
étant arrivée, il propofa à Manon
d'aller au lit. Nous nous retirâ-
mes Lefcaut & moi. On le conduifit à fa chambre, & Manon é-
tant fortie fous le prétexte d'un
befoin , nous vint joindre à la
porte. Le caroffe qui nous attendoit trois ou quatre maifons plus
bas , s'avança pour nous recevoir.
Nous nous éloignâmes en un inftant du quartier.

Quoiqu'il y eût quelque chofe de
fripon dans cette action, ce n'étoit
pas l'argent que je croïois avoir
gagné

gagné le plus injustement. J'avois plus de scrupule sur celui que j'avois acquis au jeu. Cependant nous profitâmes aussi peu de l'un que de l'autre, & le ciel permit que la plus legere de ces deux injustices fût la plus rigoureusement punie. Mr. de G. M. ne tarda pas longtems à s'appercevoir qu'il étoit duppé. Je ne sçais s'il fit dès le soir même quelques démarches pour nous découvrir, mais il eut assez de crédit pour n'en pas faire long-tems d'inutiles, & nous assez d'imprudence pour compter trop sur la grandeur de Paris, & sur l'éloignement qu'il y avoit de notre quartier au sien. Non seulement il fut informé de notre demeure, & de nos affaires présentes, mais il apprit aussi qui j'étois, la vie que j'avois menée à Paris, l'ancienne liaison de Manon avec B . . . la tromperie qu'elle lui avoit faite ; en un mot toutes les parties scandaleuses de notre histoire. Il prit là-dessus la résolution de nous faire arrêter, & de nous traiter moins comme

des

des criminels que comme de fie-
fez libertins. Nous étions encore
au lit lorsqu'un exempt du Lieutenant de Police entra dans notre
chambre avec une demie douzaine
de Gardes. Ils se saisirent d'abord
de notre argent ou plutôt de celui de Monsieur de G. M. & nous
aïant fait lever brusquement, ils
nous conduisirent à la porte, où
nous trouvâmes deux carosses;
dans l'un desquels la pauvre Manon fût menée à l'Hôpital général,
& moi dans l'autre à St. Lazarre.
Il faut avoir éprouvé de tels revers pour juger du désespoir qu'ils
peuvent causer. Nos Gardes eurent la dureté de ne pas me permettre d'embrasser Manon, ni de
lui dire une parole. J'ignorai longtems ce qu'elle étoit devenuë. Ce
fut sans doute un bonheur pour
moi de ne l'avoir pas sçu d'abord,
car une catastrophe si terrible
m'auroit fait perdre le sens, &
peut-être la vie.

Ma malheureuse maitresse fût
donc conduite à l'Hôpital. Quel
sort pour une créature toute charmante,

mante, qui eût occupé le premier trône du monde, si tous les hommes eussent eû mes yeux, & mon cœur. On ne l'y traita pas barbarement, mais elle fut resserrée dans une étroite prison, seule, & condamnée à remplir tous les jours une certaine taxe d'ouvrage, comme une condition nécessaire pour obtenir quelque dégoûtante nourriture. Je n'appris ce triste détail que long-tems après, lorsque j'eus essuïé moi-même plusieurs mois d'une rude & ennuïeuse pénitence. Mes Gardes ne m'aïant point averti du lieu où ils avoient ordre de me conduire, je ne connus mon destin qu'à la porte de St Lazare. J'aurois préféré la mort dans ce moment à l'état où je me crus prêt de tomber. J'avois de terribles idées de cette maison. Ma fraïeur augmenta lorsque mes gardes en entrant visiterent mes poches une seconde fois, pour s'assurer qu'il ne me restoit ni armes ni moïens de défense. Le Superieur parut à l'instant, il étoit prévenu sur mon arrivée. Il me salua avec beaucoup de douceur.

F 6

Mon

Mon Pére, lui dis-je, point d'in-
dignitez. Je perdrai mille vies avant
que d'en souffrir une. Non, non,
Monsieur, répondit-il, vous pren-
drez une conduite sage, & nous
serons contens l'un de l'autre. Il
me pria de monter dans une chambre haute. Je le suivis sans resis-
tance. Les Archers nous accom-
pagnerent jusqu'à la porte, & le
Superieur y étant entré avec moi,
il leur fit signe de se retirer.

Je suis donc votre prisonnier,
lui dis-je; eh bien mon Pére, que
pretendez-vous faire de moi? il
me dit qu'il étoit charmé de me
voir prendre un ton si raisonnable;
que son devoir par rapport à moi
seroit de travailler à m'inspirer le
goût de la vertu & de la religion,
& le mien de profiter de ses exhortations & de ses conseils; que
pour peu que je voulusse répondre
aux attentions qu'il auroit pour
moi, je ne trouverois que du plaisir
& de la satisfaction dans ma solitude. Ah! du plaisir, repris-je;
vous ne sçavez pas, mon Pére,
l'unique chose qui est capable de
m'en

m'en faire goûter. Je le sçais, reprit-il ; mais j'espere que votre inclination changera. Sa réponse me fit comprendre, qu'il étoit instruit de mes avantures & peut-être de mon nom. Je le priai de m'éclaircir là-dessus. Il me dit naturellement qu'on l'avoit informé de tout. Cette connoissance fut le plus rude de tous mes châtimens. Je me mis à verser un ruisseau de larmes avec toutes les marques du désespoir. Je ne pouvois me consoler d'un humiliation qui alloit me rendre la fable de toutes les personnes de ma connoissance, & la honte de ma famille. Je passai ainsi huit jours dans le plus profond abbatement, sans être capable de rien entendre ni de m'occuper d'autre chose que de mon opprobre. Le souvenir même de Manon, n'ajoûtoit rien à ma douleur. Il n'y entroit du moins que comme un sentiment qui avoit precedé cette nouvelle peine, & la passion dominante de mon ame étoit la honte & la confusion. Il y a peu de personnes qui connois-

F 7

sent

fent la force de ces mouvemens particuliers du cœur. Le commun des hommes n'eft fenfible qu'à cinq ou fix paffions dans le cercle defquelles leur vie fe paffe & où toutes leurs agitations fe reduifent. Otez leur l'amour & la haine, le plaifir & la douleur, l'efperance & la crainte, ils ne fentent plus rien. Mais les perfonnes d'un certain caractere peuvent être remuées de mille façons differentes; il femble qu'elles aïent plus de cinq fens, & qu'elles puiffent recevoir des idées & des fenfations qui paffent les bornes ordinaires de la nature. Et comme elles ont un fentiment de cette grandeur qui les éleve au-deffus du vulgaire, il n'y a rien dont elles foient plus jaloufes. De là vient qu'elles fouffrent fi impatiemment le mépris & la rifée, & que la honte eft une de leurs paffions les plus violentes.

J'avois ce trifte avantage à St. Lazare. Ma trifteffe parut fi exceffive au Superieur qu'en apprehendant les fuites, il crût devoir

me

me traiter avec beaucoup de douceur, & d'indulgence. Il me vifi-
toit deux ou trois fois le jour. Il
me prenoit fouvent avec lui pour
faire un tour de jardin, & il s'é-
puifoit en exhortations & en avis
falutaires. Je les recevois avec
douceur. Je lui marquois même
de la reconnoiffance. Il en tiroit
l'efpoir de ma converfion. Vous
êtes d'un naturel fi doux & fi aimable, me dit-il un jour, que je
ne puis comprendre les defordres
dont on vous accufe. Deux chofes m'étonnent; l'une, comment
avec de fi bonnes qualitez vous
avez pû vous livrer à l'exces du
libertinage ; & l'autre que j'admire encore plus, comment vous
recevez fi volontiers mes confeils,
& mes inftructions, après avoir
vêcu plufieurs années dans l'ha-
bitude du defordre. Si c'eft repentir vous êtes un exemple fignalé
des mifericordes du Ciel ; fi c'eft
bonté naturelle, vous avez du
moins un excellent fond de recti-
tude morale qui me fait efperer
que nous n'aurons pas befoin de

vous

vous retenir ici long-tems pour vous ramener à une vie honnête & réglée. Je fus ravi de lui voir cette opinion de moi. Je refolus de l'augmenter par une conduite qui le fatisferoit entierement, perfuadé que c'étoit le plus fûr moïen d'abreger ma prifon. Je lui demandai des livres. Il fut furpris que m'ayant laiffé le choix de ceux que je voulois lire, je me déterminai pour quelques Auteurs férieux & chrétiens. Je fis femblant de m'appliquer à l'étude avec le dernier attachement, & je lui donnai ainfi dans toutes les occafions des preuves du changement qu'il defiroit.

Cependant il n'étoit qu'exterieur. Je le dois confeffer à ma honte. Je jouai à St. Lazare un perfonnage d'hipocrite. Au lieu d'étudier, quand j'étois feul, je ne m'occupois qu'à gémir de ma deftinée. Je maudiffois ma prifon, & la tyrannie qui m'y retenoit. Je n'eus pas plutôt quelque relâche du côté de cet accablement où m'avoit jetté la confufion, que je re-

retombai dans les tourmens de l'a-
mour. L'abfence de Manon, l'incertitude de fon fort, la crainte
de ne la revoir jamais, étoient
l'unique objet de mes triftes mé-
ditations. Je me la figurois dans
les bras de M. de G. M., car c'é-
toit la penfée que j'avois eû d'a-
bord, & loin de m'imaginer qu'il
lui eût fait le même traitement
qu'à moi ; j'étois perfuadé qu'il
ne m'avoit fait éloigner que pour
la poffeder tranquillement. Je
paffois ainfi des jours & des nuits
dont la longueur me paroiffoit é-
ternelle. Je n'avois point d'autre
efpérance que celle du fuccès de
mon hipocrifie. J'obfervois foigneufement le vifage & le difcours
du Superieur, pour m'affurer de ce
qu'il penfoit de moi, & je me faifois une étude de lui plaire comme
à l'arbitre de ma deftinée. Il me
fut aifé de voir que j'étois parfaitement dans fes bonnes graces. Je
ne doutai point qu'il ne fût difpofé
à me rendre fervice. J'en pris un
jour la hardieffe de lui demander,
fi c'étoit de lui que mon élargif-

fement

fement dépendoit. Il me dit qu'il n'en étoit pas le maître abfolument ; mais que fur fon témoignage il efperoit que Mr. de G. M. à la follicitation duquel Mr. le Lieutenant de Police m'avoit fait renfermer, confentiroit à me rendre la liberté. Puis-je, me flatter repris-je doucement, que deux mois de prifon que j'ai déja effuïez lui paroîtront une expiation fuffifante ! il me promit de lui en parler fi je le fouhaitois. Je le priai inftamment de me rendre ce bon office. Il m'apprit deux jours après que Mr. de G. M. avoit été fi touché du bien qu'il avoit entendu de moi, que non feulement, il paroiffoit être dans le deffein de me laiffer voir le jour, mais qu'il avoit même marqué beaucoup d'envie de me connoître plus particulierement, & qu'il fe propofoit de me rendre une vifite dans ma prifon. Quoique fa préfence ne pût m'être agréable, je la regardai comme un acheminement prochain à ma liberté.

Il vint effectivement à St. Lazare.

zare. Je lui trouvai l'air plus grave & moins fot, qu'il ne l'avoit
eû dans la maifon de Manon. Il
me tint quelques difcours de bon
fens fur ma mauvaife conduite, &
il ajoûta pour juftifier fans doute
fes propres defordres, qu'il étoit
permis à la foibleffe des hommes
de fe procurer certains plaifirs que
la nature exigeoit, mais que la
friponnerie & les artifices honteux
méritoient d'être punis. Je l'é-
coutai avec un air de foumiffion
dont il me parût fatisfait. Je ne
m'offençai pas même de l'entendre lâcher quelques railleries fur
ma fraternité avec Lefcaut & Manon, & fur les petites Chapelles,
dont il fuppofoit, me dit-il, que
j'avois dû faire un grand nombre
à St. Lazare, puifque je trouvois tant de plaifir à cette pieufe
occupation ; mais il lui échappa
malheureufement pour lui & pour
moi-même de me dire, que Manon en auroit fait auffi fans doute
de fort jolies à l'Hôpital. Malgré
le frémiffement que le nom d'Hôpital me caufa, j'eus encore le
pouvoir

pouvoir de le prier avec douceur de s'expliquer. Hé, ouï, réprit-il, il y a deux mois qu'elle apprend la fageffe à l'Hôpital général & je fouhaite qu'elle en ait tiré autant de profit que vous à St. Lazare.

Quand j'aurois eû une prifon éternelle, ou la mort même préfente à mes yeux, je n'aurois pas été le maître de mon tranfport à cette affreufe nouvelle ? Je me jettai fur lui avec une fi furieufe rage que j'en perdis la moitié de mes forces. J'en eus affez néanmoins pour le précipiter par terre, & le prendre à la gorge. Je l'étranglois, lorfque le bruit de fa chûte & quelques gémiffemens que je lui laiffois à peine la liberté de pouffer, attirerent le Superieur, & plufieurs Religieux dans ma chambre. On le délivra de mes mains. J'avois prefque perdu moi-même la force & la refpiration. O Dieu! m'écriai-je, en pouffant mille foupirs, juftice du Ciel! faut-il, que je vive un moment après une telle infamie! Je voulus me jetter
en-

encore sur le barbare qui venoit de m'assassiner. On m'arrêta. Mon désespoir, mes cris, & mes larmes passoient toute imagination. Je fis des choses si étonnantes que tous les assistans qui en ignoroient la cause, se regardoient les uns les autres avec autant de fraïeur que de surprise. Mr. de G. M. rajustoit pendant ce tems-là sa perruque & sa cravate, & dans le dépit d'avoir été si maltraité, il ordonnoit au Superieur de me resserrer plus étroitement que jamais, & de me punir, par tous les châtimens qu'on sçait être propres à St. Lazare. Non, Monsieur, lui dit le Superieur, ce n'est point avec une personne de la naissance de Mr. le Chevalier que nous en usons de cette maniere. Il est si doux d'ailleurs, & si honnête, que j'ai peine à comprendre qu'il se soit porté à cet excès sans de fortes raisons. Cette réponse acheva de déconcerter M. de G. M. Il sortit en disant qu'il sçauroit faire plier & le Superieur, & moi,

moi, & tous ceux qui oferoient lui refifter.

Le Superieur aïant ordonné à fes Religieux de le conduire, demeura feul avec moi. Il me conjura de lui apprendre promptement d'où venoit ce defordre. O mon Pére ! lui dis-je en continuant de pleurer comme un enfant, figurez-vous la plus horrible cruauté, imaginez-vous la plus déteftable de toutes les barbaries, c'eft l'action que l'indigne G. M. a eu la lâcheté de commettre. Oh ! il m'a percé le cœur, je n'en reviendrai jamais ; je veux vous raconter tout, ajoûtai-je, en fanglottant, vous étes bon, vous aurez pitié de moi. Je lui fis un recit abregé de la longue & infurmontable paffion, que j'avois pour Manon, de la fituation floriffante de notre fortune avant que nous euffions été dépouillez par nos propres domeftiques, des offres que G. M. avoit faites à ma maîtreffe, de la conclufion de leur marché & de la maniere dont il

avoit

avoit été rompu. Je lui repréſentai
les choſes à la verité du côté le
plus favorable pour nous ; voilà
continuai-je, de quelle ſource eſt
venu le zéle de Mr. de G. M. pour
ma converſion. Il a eu le credit
de me faire renfermer ici par un
pur motif de vangeance : je lui
pardonne ; mais mon Pére, helas !
ce n'eſt pas tout. Il a fait enlever
cruellement la plus chere moitié
de moi-même ; il la fait mettre
honteuſement à l'Hôpital , il a
eu l'impudence de me l'annoncer
aujourd'hui de ſa propre bouche.
A l'Hôpital, mon Pére, ô Ciel,
ma charmante maîtreſſe, ma chere
Reine à l'Hôpital , comme la plus
infame de toutes les créatures !
où trouverai-je aſſez de force
pour ſupporter un ſi étrange malheur ſans mourir ! Le bon Pére
me voïant dans un tel excès d'af-
fliction, entreprit de me conſoler.
Il me dit , qu'il n'avoit jamais
compris mon avanture de la maniere dont je la racontois ; qu'il
avoit ſçu à la vérité que je vivois
dans le deſordre, mais qu'il s'étoit

figuré

figuré que ce qui avoit obligé Mr.
de G. M. à y prendre interêt étoit
quelque liaiſon d'eſtime , & d'a-
mitié avec ma famille ; qu'il ne
s'en étoit expliqué à lui-même que
ſur ce pied-là ; que ce que je venois de lui apprendre mettroit
beaucoup de changement dans mes
affaires , & qu'il ne doutoit point
que le recit fidele qu'il avoit deſſein d'en faire à Mr. le Lieutenant
de Police , ne pût contribuër à ma
liberté. Il me demanda enſuite
pourquoi je n'avois point penſé
à écrire à ma famille , puiſqu'elle
n'avoit point eu de part à ma cap-
tivité. Je ſatisfis à cette objection
par quelques raiſons priſes de la
douleur que j'avois apprehendé de
cauſer à mon pére , & de la honte
que j'en aurois reſſenti moi-même. Enfin il me promit d'aller
de ce pas chez Mr. le Lieutenant
de Police , ne fût-ce , ajoûta-t-il
que pour prévenir quelque choſe
de pis de la part de M. de G. M.
qui eſt ſorti de cette maiſon fort
mal ſatisfait , & qui eſt aſſez conſideré pour ſe rendre redoutable.
J'at-

J'attendis le retour du Pére avec toutes les agitations d'un malheureux, qui touche au moment de sa sentence. C'étoit pour moi un supplice inexprimable que de me representer Manon à l'Hôpital. Outre l'infamie de cette demeure, j'ignorois de quelle maniere elle y étoit traitée, & le souvenir de quelques particularitez que j'avois entenduës de cette maison d'horreur, renouvelloit à tous momens mes transports. J'étois tellement résolu de la secourir à quelque prix, & par quelque moïen que ce pût être, que j'aurois mis le feu à St. Lazare, s'il m'eût été impossible d'en sortir autrement. Je réflechis donc sur les voïes que je pourrois prendre, s'il arrivoit que Mr. le Lieutenant de Police continuât de m'y retenir malgré moi. Je mis mon industrie à toutes les épreuves, je parcourus toutes les possibilitez ; je ne vis rien qui pût m'assurer d'une évasion certaine, & je craignis d'être renfermé plus étroitement, si je faisois une tentative malheureuse. Je me

rap-

rappellai le nom de quelques amis de qui je pouvois esperer du secours ; mais quel moïen de leur faire sçavoir seulement de mes nouvelles ! Enfin je crus avoir formé un plan si adroit qu'il pourroit réüssir & je remis à l'arranger encore mieux après le retour du P. Superieur, si l'inutilité de sa démarche me le rendoit nécessaire. Il ne tarda point à revenir. Je ne vis point sur son visage les marques de joïe qui accompagnent une bonne nouvelle. J'ai parlé, me dit-il, à Mr. le Lieutenant de Police, mais je lui ai parlé trop tard. Mr. de G. M. l'est allé voir en sortant d'ici, & l'a si fort prévenu contre vous, qu'il étoit sur le point de m'envoïer de nouveaux ordres pour vous resserrer d'avantage.

Cependant lorsque je lui ai appris le fond de vos affaires il a parû s'adoucir beaucoup, & après avoir un peu ri de l'incontinence du vieux Mr. de G. M. il m'a dit qu'il falloit vous laisser ici six mois pour le satisfaire, d'autant mieux,

a-t-il dit, que cette demeure ne sçauroit vous être inutile. Il m'a re-
commandé de vous traiter honnêtement, & je vous répons que vous
ne vous plaindrez point de mes manieres.

Cette explication du bon Superieur fut assez longue, pour me
donner le tems de faire une sage
réflexion. Je conçus que je m'ex-
poserois à renverser mes desseins,
si je lui marquois trop d'empressement pour ma liberté. Je lui té-
moignai au contraire, que dans la
nécessité de demeurer, c'étoit une
douce consolation pour moi d'a-
voir quelque part à son estime. Je
le priai ensuite sans affectation de
m'accorder une grace qui n'étoit
de nulle importance pour personne & qui serviroit beaucoup à ma
tranquillité, c'étoit de faire avertir
un de mes amis, un saint Ecclesiastique qui demeuroit à St. Sulpice, que j'étois à St. Lazare; &
de me permettre de recevoir quelquefois son édifiante visite. Cette
faveur me fût accordée sans déliberer. C'étoit mon ami Tiberge

G 2   dont

dont il étoit queſtion ; non que j'eſperaſſe de lui les ſecours né-ceſſaires pour ma liberté ; mais je voulois l'y faire ſervir comme un inſtrument éloigné ſans qu'il en eût même connoiſſance. En un mot, voici mon projet. Je voulois écrire à Leſcaut , & le charger, lui , & nos amis communs du ſoin de me délivrer. La premiere diffi-culté étoit à lui faire tenir ma lettre , ce devoit être l'office de Tiberge. Cependant comme il le connoiſſoit pour le frere de ma maîtreſſe , je craignois qu'il n'eût peine à accepter cette commiſſion. Mon deſſein étoit de renfermer ma Lettre à Leſcaut dans une au-tre lettre que j'adreſſerois à un honnête homme de ma connoiſ-ſance, en le priant de rendre promp-tement l'incluſe à ſon adreſſe ; & comme il étoit néceſſaire que je viſſe Leſcaut pour nous accorder dans nos meſures , je voulois lui marquer de venir à St. Lazare,& de demander à me voir ſous le nom de mon frere aîné qui étoit venu ex-près

près à Paris pour prendre connoissance de mes affaires. Je remettois
à convenir avec lui des moiens
qui nous paroitroient les plus ex-
peditifs & les plus sûrs. Le Pére
Superieur fit avertir Tiberge dès
le lendemain du désir que j'avois
de l'entretenir. Ce fidelle ami ne
m'avoit pas tellement perdu de
vûë qu'il ignorât mon avanture;
il sçavoit que j'étois à St. Lazare,
& peut-être n'avoit-il pas été fâché de cette disgrace, qu'il esperoit pouvoir servir à me ramener
au devoir. Il accourut aussitôt à
ma chambre.

Notre entretien fut plein d'a-
mitié. Il voulut être informé de
mes dispositions. Je lui ouvris
mon cœur sans reserve, excepté
sur le dessein de ma fuite. Ce n'est
pas à vos yeux, cher ami, lui dis-
je, que je veux paroître ce que je
ne suis point. Si vous avez cru
trouver ici un ami sage & réglé
dans ses desirs, un libertin re-
veillé par les châtimens du ciel,
en un mot un cœur dégagé de l'a-
mour & revenu des charmes de

G 3

sa

ſi Manon, vous avez jugé trop
favorablement de moi. Vous me
revoïez tel que vous me laiſsâtes
il y a quatre mois, toujours tendre, & toujours malheureux par
cette fatale tendreſſe dans laquelle
je ne me laſſe point de chercher
mon bonheur. Il me répondit que
l'aveu que je faiſois me rendoit
inexcuſable; qu'on voïoit bien des
Pécheurs qui s'enivroient du faux
bonheur du Vice, juſqu'à le pré-
ferer hautement à celui de la vertu; mais que c'étoit du moins à
une image de bonheur qu'ils
s'attachoient, & qu'ils étoient les
duppes de l'apparence; mais que
de reconnoître comme je faiſois,
que l'objet de mes attachemens,
n'étoit propre qu'à me rendre coupable & malheureux & de continuër à me précipiter volontairement dans l'infortune & dans le
crime, c'étoit une contradiction
d'idées & de conduite, qui ne
faiſoit pas honneur à ma raiſon.
Tiberge! repris-je, qu'il vous eſt
aiſé de vaincre, lorsqu'on n'op-
poſe rien à vos armes! laiſſez moi
rai-

raifonner à mon tour. Pouvez-vous prétendre que ce que vous appellez le bonheur de la vertu foit exempt de peines, de traverfes, & d'inquietudes ? quel nom donnerez-vous à la prifon, aux croix, aux fupplices, & aux tortures des tyrans ? direz-vous comme font les Miftiques que ce qui tourmente le corps eft un bonheur pour l'ame ? vous n'oferiez le dire, c'eft un paradoxe infoutenable. Ce bonheur que vous relevez tant eft donc mêlé de mille peines, ou pour parler plus jufte ce n'eft qu'un tiffu de malheurs, au travers defquels on tend à la felicité. Or fi la force de l'imagination fait trouver du plaifir dans ces maux mêmes, parce qu'ils peuvent conduire à un terme heureux qu'on efpere, pourquoi traitez-vous de contradictoire & d'infenfée dans ma conduite une difpofition toute femblable ? J'aime Manon; je tends au travers de mille douleurs à vivre heureux & tranquille auprès d'elle. La voie par où je marche eft malheureufe, mais l'efperance d'arri-

ver à mon terme y répand toujours
de la douceur ; & je me croirai
trop bien païé par un moment
passé avec elle, de tous les chagrins que j'essuïe pour l'obtenir.
Toutes choses me paroissent donc
égales de votre côté & du mien ;
ou s'il y a quelque difference, elle
est encore à mon avantage ; car
le bonheur que j'espere est proche, & l'autre est éloigné ; le mien
est de la nature des peines, c'est-
à-dire, sensible au corps ; & l'autre est d'une nature inconnuë, qui
n'est certaine que par la foi.

Tiberge parut effraïé de ce raisonnement. Il recula deux pas en
me disant de l'air le plus sérieux,
que non seulement ce que je venois de dire blessoit le bon sens,
mais que c'étoit un malheureux
sophisme d'impieté & d'irreligion ;
car cette comparaison , ajoûta-t-
il, du terme de vos peines avec
lui qui est proposé par la religion
est une idée des plus libertines, &
des plus monstrueuses. J'avouë,
repris-je , qu'elle n'est pas juste,
mais prenez y garde, ce n'est pas
sur

sur elle que porte mon raisonnement. J'ai eu dessein d'expliquer
ce que vous regardez comme une
contradiction dans la perseverance
d'un amour malheureux, & je crois
avoir prouvé fort bien que si c'en
est une, vous ne sçauriez vous en
sauver non plus que moi. C'est à
cet égard seulement que j'ai traité
les choses d'égales, & je soutiens
encore qu'elles le font. Répon-
drez-vous que le terme de la vertu
est infiniment superieur à celui de
l'amour ? Qui réfuse d'en convenir ? Mais est-ce de quoi il est
question ? Ne s'agit-il pas de la
force qu'ils ont l'un & l'autre
pour faire supporter les peines ?
Jugeons en par l'effet. Combien
trouve-t-on de deserteurs de la seve-
re vertu, & combien en trouverez-
vous peu de l'amour ? Repondrez-
vous encore que s'il y a des peines
dans l'exercice du bien, elles ne
font pas infaillibles & nécessaires ;
qu'on ne trouve plus de Tyrans
ni de croix, & qu'on voit quantité
de personnes vertueuses mener une
vie douce & tranquille ? Je vous

G 5

dirai

dirai de même qu'il y a des amours
paisibles & fortunez ; & ce qui
fait encore une difference qui m'est
extrêmement avantageuse, j'ajoû-
terai que l'amour quoiqu'il trompe
assez souvent, ne promet du moins
que des satisfactions & des joïes,
au lieu que la religion veut qu'on
s'attende à une pratique triste &
mortifiante. Ne vous allarmez
pas, ajoûtai-je, en voïant son zéle
prêt à se chagriner. L'unique
chose que je veux conclurre ici,
c'est qu'il n'y a point de plus mauvaise methode pour dégoûter un
cœur de l'amour, que de lui en
décrier les douceurs & de lui promettre plus de bonheur dans l'exercice de la vertu. De la maniere
dont nous sommes faits, il est certain que notre félicité consiste dans
le plaisir ; je défie qu'on s'en forme une autre idée : or le cœur n'a
pas besoin de se consulter longtems pour sentir que de tous les
plaisirs, les plus doux sont ceux
de l'amour. Il s'apperçoit bientôt qu'on le trompe lorsqu'on lui
en

en promet ailleurs de plus charmans & cette tromperie le difpofe
à fe défier des promeffes les plus
folides. Prédicateurs qui voulez
me ramener à la vertu, dites moi
qu'elle eft indifpenfablement néceffaire, mais ne me déguifez pas
qu'elle eft févere & penible. Eta-
bliffez bien que les délices de l'a-
mour font paffageres, qu'elles
font défenduës, qu'elles feront
fuivies par d'éternelles peines, &
ce qui fera peut-être encore plus
d'impreffion fur moi, que plus elles
font douces & charmantes, plus
le ciel fera magnifique à récom-
penfer un fi grand facrifice ; mais
confeffez qu'avec des cœurs tels
que nous les avons, elles font ici
bas nos plus parfaites félicitez.
Cette fin de mon difcours rendit
fa bonne humeur à Tiberge. Il
couvint qu'il y avoit quelque chofe
de raifonnable dans mes penfées.
La feule objection qu'il ajouta fut
de me demander, pourquoi je n'en-
trois pas du moins dans mes propres
principes, en facrifiant mon amour
à l'efperance de cette rémunera-

 tion

tion dont je me faisois une si grande idée. O cher ami ! lui répondis - je, c'est ici que je reconnois
ma misere & ma foiblesse ; helas
ouï, c'est mon devoir d'agir comme je raisonne ; mais l'action est-
elle en mon pouvoir ? De quel
secours n'aurois-je pas besoin pour
oublier les charmes de Manon ?
Dieu me pardonne, réprit Tiberge,
je pense que voici encore un de
nos Jansenistes. Je ne sçais ce que
je suis, repliquai-je, & je ne vois
pas trop clairement ce qu'il faut
être, mais j'éprouve la vérité de
ce qu'ils disent.

Cette conversation servit du
moins à renouveller la pitié de
mon ami. Il vit bien qu'il y a-
voit plus de foiblesse que de malignité dans mes desordres. Son
amitié en fut plus disposée dans la
suite à me donner des secours,
sans lesquels j'aurois péri infailliblement de misere. Je ne lui fis
pas pourtant la moindre ouverture
du dessein que j'avois de m'échaper de St. Lazare. Je le priai seulement

lement de se charger de ma lettre. Je l'avois préparée avant qu'il fût venu, & je ne manquai point de prétextes pour colorer la nécessité où j'étois d'écrire. Il eut la fidelité de la porter exactement, & Lescaut reçut celle qui étoit pour lui avant la fin du jour. Il me vint voir le lendemain & il passa heureusement sous le nom de mon frere. Ma joïe fut grande en l'appercevant dans ma chambre, j'en fermai la porte avec soin. Ne perdons pas un seul moment, lui dis-je, apprenez moi d'abord des nouvelles de Manon, & donnez moi ensuite un bon conseil pour rompre mes fers. Il m'assura qu'il n'avoit pas vû sa sœur depuis le jour qui avoit précedé mon emprisonnement, qu'il n'avoit appris son sort & le mien qu'à force d'informations & de soins, que s'étant présenté deux ou trois fois à l'Hôpital, on lui avoit refusé la liberté de lui parler. Malheureux G. M. m'écriai-je que tu me la païeras cher !

Pour ce qui regarde votre déli-

vrance,

vrance , continua Lefcaut, c'eſt
une entrepriſe moins facile que
vous ne penſez. Nous paſſâmes
hier la ſoirée deux de mes amis &
moi, à obſerver toutes les parties
exterieures de cette maiſon , &
nous jugeâmes que vos fenêtres
étant ſur une cour entourée
de bâtimens, comme vous nous
l'aviez marqué ; il y auroit bien
de la difficulté à vous tirer de là.
Vous étes d'ailleurs au troiſiéme
étage, & nous ne pouvons introduire ici, ni cordes, ni échelles.
Je ne vois donc nulle reſſource
du côté du dehors ; c'eſt dans la
maiſon même qu'il faudroit imaginer quelque artifice. Non, répris-je, j'ai tout-examiné , ſur tout
depuis que ma cloture eſt un peu
moins rigoureuſe par l'indulgence
du Superieur. La porte de ma
chambre ne ſe ferme plus avec la
clef, j'ai la liberté de me promener dans les galeries des Religieux ;
mais tous les eſcaliers ſont bou-
chez par des portes épaiſſes qu'on
à ſoin de tenir fermées la nuit & le
jour ; de ſorte qu'il eſt impoſſible

que

que la seule adresse me puisse sauver. Attendez, repris - je, après
avoir un peu refléchi sur une idée
qui me parut excellente, pourriez-
vous m'apporter un pistolet ? Aisément, me dit Lescaut ; mais
voulez-vous tuer quelqu'un ? je
l'assurai que j'avois si peu dessein
de tuër, qu'il n'étoit pas même nécessaire que le pistolet fût chargé.
Apportez - le moi demain, ajoûtai-
je, & ne manquez pas de vons
trouver le même soir à onze heures vis à vis la porte de cette maison avec deux ou trois de nos
amis. J'espere que je pourrai vous
y réjoindre. Il me pressa en vain
de lui en apprendre davantage. Je
lui dis qu'une entreprise telle que
je la méditois ne pouvoit paroître
raisonnable qu'après avoir réüssi.
Je le priai d'abreger sa visite ; a-
fin qu'il trouvât plus de facilité à
me revoir le lendemain. Il fut
admis avec aussi peu de peine que
la première fois ; son air étoit grave, il n'y a personne qui ne l'eût
pris pour un honnête homme.

Lorsque je me trouvai muni
de

de l'inftrument de ma liberté, je ne doutai prefque point du fuccès de mon projet. Il étoit bizarre & hardi ; mais de quoi n'étois-je point capable avec les motifs qui m'animoient. J'avois remarqué depuis qu'il m'étoit permis de fortir de ma chambre, & de me promener dans les galeries que le Portier apportoit chaque jour au foir les clefs de toutes les portes au Superieur, & qu'il regnoit enfuite un profond filence dans la maifon, qui marquoit que tout le monde étoit retiré. Je pouvois aller fans obftacle par une galerie de communication de ma chambre à celle de ce Pére. Ma réfolution étoit de lui prendre fes clefs, en l'épouvantant avec mon Piftolet s'il faifoit difficulté de me les donner, & de m'en fervir pour gagner la ruë. J'en attendis le tems avec impatience. Le Portier vint à l'heure ordinaire, c'eft-àdire, un peu après neuf heures. J'en laiffai paffer encore une, pour m'affurer que tous les Religieux, & les domeftiques étoient endormis.

mis. Je partis enfin avec mon arme & une chandelle allumée. Je frappai d'abord doucement à la porte du Pére pour l'éveiller fans bruit. Il m'entendit au fecond coup, & s'imaginant fans doute que c'étoit quelque Religieux qui fe trouvoit mal, & qui avoit befoin de fecours, il fe leva pour m'ouvrir. Il eut néanmoins la précaution de demander au travers de la porte, qui c'étoit, & ce qu'on vouloit de lui ? Je fus obligé de lui dire qui j'étois, mais j'affectai un ton plaintif pour lui faire comprendre que je ne me trouvois pas bien. Ha! c'eft vous, mon cher fils, me dit-il, en ouvrant la porte ; qui eft-ce donc qui vous amene fi tard ? J'entrai dans fa chambre, & l'aïant tiré à l'autre bout oppofé à la porte, je lui déclarai qu'il m'étoit impoffible de demeurer plus long-tems à St. Lazare ; que la nuit étoit un tems commode pour fortir fans être apperçu, & que j'attendois de fon amitié qu'il confentiroit à m'ouvrir les portes, ou à me prêter

fes

ſes clefs pour les ouvrir moi-
même.

Le compliment devoit le ſurprendre. Il demeura quelque tems
à me conſiderer ſans me répondre.
Comme je n'en avois pas à perdre,
je répris la parole pour lui dire,
que j'étois fort touché de toutes
ſes bontez ; mais que la liberté
étant le plus cher de tous les biens,
ſur tout à moi, à qui on la raviſ-
ſoit injuſtement. J'étois réſolu de
me la procurer cette nuit même à
quelque prix que ce fût ; & de
peur qu'il ne lui prît envie d'élever la voix pour appeller du ſecours. Je lui fis voir une honnête
raiſon de ſilence que je tenois ſous
mon juſt-au-corps. Un piſtolet!
me dit-il; Quoi mon fils ! vous voulez m'ôter la vie, pour reconnoître la conſideration que j'ai euë
pour vous? A Dieu ne plaiſe, lui
répondis-je. Vous avez trop d'eſprit, & de raiſon pour me mettre
dans cette néceſſité ; mais je veux
être libre, & j'y ſuis ſi réſolu que
ſi mon projet manque par votre
faute, c'eſt fait de vous abſolument.

Mais,

Mais, mon cher fils, reprit-il, d'un air pâle & effraïé, que vous ai-je fait? quelle raifon avez-vous de vouloir ma mort? Eh non, répliquai-je avec impatience, je n'ai pas deffein de vous tuër fi vous voulez vivre; ouvrez moi la porte, & je fuis le meilleur de vos amis. J'apperçus les clefs, qui étoient fur la table. Je les pris, & je le priai de me fuivre, en faifant le moins de bruit qu'il pourroit. Il fut obligé de s'y refoudre. A mefure que nous avancions & qu'il ouvroit une porte, il me repetoit avec un foûpir; ah! mon fils, ah! qui l'auroit jamais crû! Point de bruit, mon Pére, répetois-je, de mon côté à tout moment. Enfin nous arrivâmes à une efpece de barriere qui eft avant la grande porte de la ruë. Je me croïois déja en fûreté, & j'étois derriere le Pére avec ma chandelle dans une main, & mon Piftolet dans l'autre. Pendant qu'il s'occupoit à ouvrir, un Domeftique qui couchoit dans une petite chambre voifine, entendant le bruit de quel-

ques

ques verrouïls se leve & met la tête à sa porte. Le bon Pére le crût apparemment capable de m'arrêter. Il lui ordonna avec beaucoup d'imprudence de venir à son secours. C'étoit un puissant coquin, qui s'élança sur moi sans balancer. Je ne le marchandai point, je lui lâchai le coup au milieu de la poitrine. Voilà de quoi vous étes cause, mon Pére, dis-je au Superieur ; mais que cela n'empêche point que vous n'acheviez, ajoûtai-je en le poussant vers la derniere porte. Il n'osa réfuser de l'ouvrir. Je sortis heureusement & je trouvai à quatre pas Lescaut, qui m'attendoit avec deux amis suivant sa promesse.

Nous nous éloignâmes. Lescaut me demanda s'il n'avoit pas entendu tirer un pistolet ; c'est votre faute, lui dis-je, pourquoi me l'apportiez-vous chargé ? Cependant je le remerciai, d'avoir eu cette précaution sans laquelle j'étois sans doute à St. Lazare pour longtems. Nous allâmes passer la nuit chez un Traiteur, où je me

remis

remis un peu de la mauvaise chere que j'avois faite depuis près de trois mois. Je ne pus néanmoins m'y livrer au plaisir. Je souffrois mortellement dans Manon. Il faut la délivrer, dis - je à mes trois amis. Je n'ai souhaité la liberté que dans cette vûë. Je vous demande le secours de votre adresse. Pour moi, j'y emploirai jusqu'à ma vie. Lescaut qui ne manquoit pas d'esprit & de prudence, me répresenta qu'il falloit aller bride en main; que mon évasion de St. Lazare & le malheur qui m'étoit arrivé en sortant causeroit infailliblement du bruit; que Mr. le Lieutenant de Police me feroit chercher, & qu'il avoit les bras longs; enfin que si je ne voulois pas être exposé à quelque chose de pis que St. Lazare, il étoit à propos de me tenir couvert & renfermé quelques jours, pour laisser au premier feu de mes ennemis le tems de s'éteindre. Son conseil étoit sage; mais il auroit fallû l'être aussi pour le suivre. Tant de lenteur, & de ménage-

ment

ment ne s'accordoient pas avec ma paſſion. Toute ma complaiſance ſe réduiſit à lui promettre que je paſſerois le jour ſuivant à dormir. Il m'enferma dans ſa chambre, où je demeurai juſqu'au ſoir.

J'emploïai une partie de ce tems à former des projets & des expediens pour ſecourir Manon. J'étois bien perſuadé que ſa priſon étoit encore plus impénétrable que n'avoit été la mienne. Il n'étoit pas queſtion de force & de violence. Il falloit de l'artifice; mais la Déeſſe même de l'invention, n'auroit pas ſçu par quelle voïe commencer. J'y vis ſi peu de jour que je remis à conſiderer mieux les choſes, lorſque j'aurois pris quelques informations ſur l'arrangement intérieur de l'Hôpitál. Auſſi-tôt que la nuit eut amené l'obſcurité, je priai Leſcaut de m'accompagner. Nous liâmes converſation avec un des Portiers qui nous parut homme de bon ſens. Je feignis d'être un étranger
qui

qui avoit entendu parler avec admiration de l'Hôpital général, &
de l'ordre qui s'y obſervoit. Je
l'interrogeai ſur les plus minces
détails ; & de circonſtances en circonſtances nous tombâmes ſur les
adminiſtrateurs dont je le priai de
m'apprendre les noms, & les qualitez. Les réponſes qu'il me fit ſur
ce dernier article me firent naître une penſée, dont je m'applaudis auſſi-tôt, & que je ne tar-
dai point à mettre en œuvre. Je
lui demandai comme une choſe
eſſentielle à mon deſſein, ſi ces
Meſſieurs avoient des enfans ! Il
me dit qu'il ne pouvoit pas m'en
rendre un compte certain, mais
que pour Mr. de T. qui étoit un
des principaux, il lui connoiſſoit
un fils en âge d'être marié, qui
étoit venu pluſieurs fois à l'Hôpital avec ſon Pére. Cette aſſurance
me ſuffiſoit. Je rompis preſque
auſſi-tôt notre entretien, & je fis
part à Leſcaut en retournant chez
lui de l'idée qui m'étoit venuë à
la tête. Je m'imagine, lui dis-je,

que

que Mr. de T. le fils qui est riche
& de bonne maison est dans un
certain goût de plaisirs ; comme la
plûpart des jeunes gens de son
âge. Il ne sçauroit être ennemi
des femmes, ni ridicule au point
de refuser ses services pour une affaire d'amour. J'ai formé le dessein de l'interesser dans la liberté
de Manon. S'il est honnête homme, & qu'il ait des sentimens, il nous
accordera son secours par générosité ; s'il n'est point capable d'ê-
tre conduit par ce motif, il fera
du moins quelque chose pour une
fille aimable ; ne fût-ce, que par
l'esperance d'avoir part à ses faveurs. Je ne veux pas differer de
le voir, ajoûtai-je, plus longtems que demain. Je me sens si
consolé par ce projet, que j'en
tire un bon augure. Lescaut convint lui-même qu'il y avoit de la
vraisemblance dans ce que je lui
disois, & que nous avions quelque chose à esperer de ce côté-
là. J'en passai la nuit moins tristement.

Le

Le matin étant venu je m'ha-
billai le plus proprement qu'il me
fut possible dans l'état d'indigence
où j'étois, & je me fis conduire
dans un fiacre à la maison de Mr.
de T. Il fut surpris de recevoir la
visite d'un inconnu. J'augurai bien
de sa phisionomie, & de ses civilitez. Je m'expliquai naturellement avec lui, & pour échauffer
ses sentimens, naturels, je lui parlai
de ma passion, & du mérite de ma
maîtresse, comme de deux choses
qui ne pouvoient être égalées que
l'une par l'autre. Il me dit que
quoiqu'il n'eût jamais vû Manon,
il avoit entendu parler d'elle, du
moins s'il s'agissoit de celle qui
avoit été la Maîtresse du vieux
Mr. de G. M. Je ne doutai point
qu'il ne fût informé de la part que
j'avois eûë à cette avanture ; &
pour le gagner davantage en me
faisant un mérite de ma confiance,
je lui racontai le détail de tout ce
qui nous étoit arrivé à Manon &
à moi. Vous voïez, Monsieur, continuai-je, que l'interêt de ma vie,
& celui de mon cœur sont main-

tenant entre vos mains. L'un ne
m'eft pas plus cher que l'autre.
Je n'ai point de referve avec vous,
parce que je fuis informé de votre
générofité, & que la reffemblance
de nos âges me fait efperer qu'il
s'en trouvera quelques - uns dans
nos inclinations. Il parût fort fenfible à cette marque d'ouverture,
& de candeur. Sa réponfe fut celle
d'un homme qui a du monde, & des
fentimens ; ce que le monde ne
donne pas toujours, & qu'il fait
perdre fouvent. Il me dit qu'il
mettoit ma vifite au rang de fes
bonnes fortunes, qu'il regarderoit
mon amitié comme une de fes
plus heureufes acquifitions, & qu'il
s'efforceroit de la mériter par fon
zéle à me fervir. Il ne promit pas
de me rendre Manon ; parce qu'il
n'avoit, me dit-il, qu'un credit
mediocre, & mal affuré ; mais il
s'engagea à me procurer le plaifir
de la voir, & à faire tout ce qui
feroit en fa puiffance pour la remettre entre mes bras. Je fus plus
fatisfait de l'incertitude où il me
paroiffoit être de fon credit, que

je

je ne l'aurois été d'une pleine aſſurance de remplir tous mes déſirs. Je trouvai dans cette modération de ſes offres, une marque de ſincerité & de franchiſe dont je fus charmé. Je me promis tout de ſes bons offices. La ſeule promeſſe de me faire voir Manon m'auroit fait tout entreprendre pour lui. Je lui marquai quelque choſe de ces ſentimens, d'une maniere qui le perſuada auſſi que je n'étois pas d'un mauvais naturel. Nous nous embraſſâmes avec tendreſſe, & nous devinmes amis ſans autre raiſon que la bonté de nos cœurs, & une ſimple diſpoſition qui porte un homme tendre & généreux à aimer un autre homme qui lui reſſemble. Il pouſſa les marques de ſon eſtime bien plus loin, car aïant combiné mes avantures, & jugeant qu'en ſortant de St. Lazare, je ne devois pas me trouver à mon aiſe, il m'offrit ſa bourſe, & il me preſſa de l'accepter. Je ne l'acceptai point; mais je lui dis; c'eſt trop, mon cher Monſieur. Si avec tant de bonté & d'amitié vous me faites revoir ma chere Manon, je

H 2

vous

vous suis attaché pour toute ma vie. Si vous me rendez tout à fait cette chere créature, je ne croirai pas être quitte en versant tout mon sang pour vous servir.

Nous ne nous séparâmes qu'après être convenus du tems, & du lieu, où nous devions nous retrouver. Il eut la complaisance de ne pas me remettre plus loin qu'à l'après-midi. Je l'attendis dans un caffé, où il vint me rejoindre vers les quatre heures, & nous primes ensemble le chemin de l'Hôpital. Mes genoux étoient tremblans en traversant les cours. Puissance d'amour ! disois-je, je reverrai donc la chere Reine de mon cœur, l'objet de tant de pleurs, & d'inquietudes ! Ciel conservez moi assès de vie pour aller jusqu'à elle, & disposez après cela de ma fortune, & de mes jours. Je n'ai plus d'autre grace à vous demander. Mr. de T . . . . parla à quelques Concierges de la maison, qui s'empresserent de lui offrir tout ce qui dépendoit d'eux pour sa satisfaction. Il se fit montrer

trer le quartier où Manon avoit
fa chambre, & l'on nous y conduifit avec une clef d'une grandeur
effroïable, qui fervit à ouvrir fa
porte. Je demandai au Valet qui
nous menoit, & qui étoit celui
qu'on avoit chargé du foin de la
fervir, de quelle maniere elle avoit
paffé le tems dans cette demeure.
Il nous dit que c'étoit une douceur
angelique, qu'il n'avoit jamais
reçu d'elle un mot de dureté,
qu'elle avoit verfé continuellement des larmes pendant les fix
premiéres femaines après fon arrivée, mais qu'elle paroiffoit depuis quelque tems prendre fon
malheur avec plus de patience, &
qu'elle étoit occupée à coudre du
matin jufqu'au foir, à la referve
de quelques heures qu'elle em-
ploioit à la lecture. Je lui demandai encore, fi elle avoit été entretenuë proprement & avec honnêteté. Il m'affura que le néceffaire
du moins ne lui avoit jamais manqué. Nous approchâmes de fa
porte. Mon cœur battoit violem-
ment. Je dis à Mr. de T. entrez
feul & prévenez la fur ma vifite,

 car

car j'apprehende qu'elle ne soit
trop saisie en me voïant tout d'un
coup. La porte nous fut ouverte.
Je démeurai dans la galerie. J'entendis néanmoins leurs discours.
Il lui dit qu'il venoit lui apporter un
peu de consolation ; qu'il étoit de
mes amis, & qu'il prenoit beaucoup d'interêt à notre fortune.
Elle lui demanda avec beaucoup
d'empressement, si elle apprendroit
de lui ce que j'étois devenu. Il
lui promit de m'amener à ses pieds
aussi tendre, & aussi fidelle qu'elle
pouvoit le désirer. Quand ? reprit-
elle. Aujourd'hui même, lui dit-
il, ce bienheureux moment ne
tardera point. Il va paroître à
l'instant si vous le souhaitez. Elle
comprit que j'étois à la porte.
J'entrai lorsqu'elle y accouroit
avec précipitation. Nous nous em-
brassames avec cette effusion de
tendresse, qu'une absence de trois
mois fait trouver si charmante à
de parfaits amans. Nos soupirs,
nos exclamations interrompuës,
mille noms d'amour repetez lan-
guissamment de part & d'autre, for-
merent

merent pendant un quart d'heure
une scene qui attendrissoit Mr.
de T . . . Je vous porte envie,
me dit-il, en nous faisant asseoir,
il n'y a point de sort glorieux auquel je ne préferasse une maitresse
si belle & si passionnée. Aussi mé-
priserois - je tous les empires du
monde , lui répondis - je , pour
m'assurer le bonheur d'être aimé
d'elle.

Tout le reste d'une conversation
si desirée, ne pouvoit manquer d'ê-
tre infiniment tendre. La pauvre
Manon me raconta ses avantures,
& je lui appris les miennes. Nous
pleurâmes amerement en nous en-
tretenant de l'état où elle étoit,
& de celui d'où je ne faisois que
sortir. Mr. de T. nous consola
par de nouvelles promesses de
s'emploïer ardemment pour finir
nos miseres. Il nous conseilla de
ne pas rendre cette premiére entre-
vuë si longue , pour lui donner
plus de facilité à nous en procurer
d'autres. Il eut beaucoup de peine
à nous faire goûter ce conseil.
Manon surtout ne pouvoit se re-

 soudre

foudre à me laisser partir. Elle me fit remettre cent fois sur ma chaise, elle me retenoit par les habits & par les mains. Helas ! dans quel lieu me laissez-vous, disoit-elle, qui peut m'assurer de vous revoir ? Mr. de T. . . s'engagea à la venir voir souvent avec moi. Pour le lieu, ajouta-t-il agréablement, il ne faut plus l'appeller l'Hôpital, c'est un Versailles, depuis qu'une personne qui mérite l'empire de tous les cœurs y est renfermée.

Je fis en sortant quelques liberalitez au Valet qui la servoit, pour l'engager à lui rendre ses soins avec zéle. Ce garçon avoit l'ame moins basse & moins dure que ses pareils. Il avoit été témoin de notre entrevûë, ce tendre spectacle l'avoit touché. Un louis d'or dont je lui fis présent acheva de me l'attacher. Il me prit à l'écart en descendant dans les cours. Mr., me dit-il, si vous me voulez prendre à votre service , ou me donner un honnête recompense, pour me dédommager de la perte de l'emploi que j'occupe ici, je crois qu'il me sera facile de délivrer Mademoiselle Manon. J'ouvris l'oreille à cette proposition, & quoique je fusse dépourvû de tout, je lui fis des promesses fort au-dessus de ses désirs. Je comptois bien qu'il me seroit toujours aisé de recompenser un homme de cette étoffe. Sois persuadé, lui dis-je, mon ami, qu'il n'y a rien que je ne fasse pour toi, & que ta fortune est aussi assurée que la mienne. Je voulus sçavoir quels moïens il avoit dessein d'emploïer. Nul autre, me dit-il, que de lui ouvrir le soir la porte de sa chambre, & de vous la conduire jusqu'à celle de la ruë où il faudra que vous soïez prêt à la recevoir. Je lui demandai, s'il n'étoit point à craindre qu'elle fût reconnuë en traversant les galeries & les cours? Il confessa qu'il y avoit quelque danger; mais il me dit, qu'il falloit bien risquer quelque chose. Quoique je fusse ravi de le voir si résolu, j'appellai Mr. de T.. pour lui communiquer ce projet, & la seule

H 5   raison

raifon qui me fembloit pouvoir le
rendre douteux. Il y trouva plus
de difficulté que moi. Il convint
qu'elle pouvoit abfolument s'é-
chaper de cette maniére, mais fi
elle eft reconnuë, & arrêtée en
fuïant, continua-t-il, c'eft peut-
être fait d'elle pour toujours.
D'ailleurs il vous faudroit donc
quitter Paris fur le champ ; car
vous ne feriez jamais affez caché
aux recherches. On les redouble-
roit autant par rapport à vous qu'à
elle. Un homme s'échape aifément quand il eft feul, mais il eft
prefque impoffible de demeurer
inconnu avec une jolie femme.
Quelque folide que me parût ce
raifonnement, il ne pût l'emporter
dans mon efprit fur un efpoir fi
proche de mettre Manon en liberté. Je le dis à Mr. de T. . .
& je le priai de pardonner un peu
d'imprudence, & de témerité à l'a-
mour. J'ajoutai que mon deffein
étoit en effet de quitter Paris pour
m'arrêter comme j'avois déja fait
à quelque village aux environs.
Nous convinmes donc avec le

Valet

Valet de ne pas remettre ſon entrepriſe plus loin qu'au jour ſuivant, & pour la rendre auſſi certaine qu'il étoit en notre pouvoir,
nous reſolûmes d'apporter des habits d'homme dans la vûë de faciliter ſa ſortie. Il n'étoit pas aiſé
de les faire entrer ; mais je ne
manquai pas d'invention pour en
trouver le moyen. Je priai ſeulement Mr. de T. . . de mettre
le lendemain deux veſtes legeres,
l'une ſur l'autre ; je me chargeai
de tout le reſte. Nous retournâmes le matin à l'Hôpital, j'avois
avec moi pour Manon du linge,
des bas &c. & par deſſus mon
juſt-au-corps un ſurtout, qui ne laiſſoit rien voir de trop enflé dans
mes poches. Nous ne fumes qu'un
moment dans ſa chambre. Mr. de
T. lui laiſſa une de ſes deux veſtes,
je lui donnai mon juſt-au-corps,
le ſurtout me ſuffiſant pour ſortir ;
il ne ſe trouva rien de manque à
ſon ajuſtement excepté la culotte
que j'avois malheureuſement ou-
blié. L'oubli de cette piece néceſſaire nous eût ſans doute ap-

H 6

prêté

prêté à rire , fi l'embarras où il nous mettoit eût été moins ſerieux. J'étois au déſeſpoir qu'une bagatelle de cette nature nous arretât. Cependant je pris mon parti , qui fut de ſortir moi-même ſans culotte. Je laiſſai la mienne à Manon. Mon ſurtout étoit long , & je me mis à l'aide de quelques épingles en état de paſſer décemment à la porte. Le reſte du jour me parût d'une longueur inſupportable. Enfin la nuit étant venuë , nous nous rendimes un peu au-deſſous de la porte de l'Hôpital dans un caroſſe. Nous n'y fumes pas long - tems ſans voir Manon paroître avec ſon conducteur, notre portiere étant toute ouverte ils monterent tous deux en un inſtant, je reçûs ma chere maitreſſe dans mes bras. Elle trembloit comme une feuille. Le cocher me demanda où il falloit toucher. Touche au bout du monde, lui dis-je, & mene moi quelque part où je ne puiſſe jamais être ſéparé de Manon.

Ce tranſport dont je ne fus pas

le

le maitre faillit à m'attirer un fâcheux embarras. Le cocher fit réflexion à mes paroles, & lorſque je lui dis enſuite le nom de la ruë où nous voulions être conduits, il me répondit, qu'il craignoit que je ne l'engageaſſe dans un mauvaiſe affaire, qu'il voïoit bien que ce beau jeune homme qui s'appelloit Manon, étoit une fille que j'enlevois de l'Hôpital, & qu'il n'étoit pas d'humeur à ſe perdre pour l'amour de moi. La délicateſſe de ce coquin n'étoit qu'une envie de me faire païer la voiture plus cher. Nous étions trop près de l'Hôpital pour ne pas filer doux. Tai toi, lui dis-je, il y a un louïs d'or à gagner pour toi; il m'auroit aidé après cela à brûler l'Hôpital même. Nous gagnâmes la maiſon où demeuroit Leſcaut. Comme il étoit tard Mr. de T . . . nous quitta en chemin avec promeſſe de nous revoir le lendemain. Le Valet demeura avec nous. Je tenois Manon ſi étroitement ſerrée entre mes bras, que nous n'occupions qu'une place

H 7

dans

dans le caroſſe. Elle pleuroit de joye, & je ſentois ſes larmes qui mouilloient mon viſage. Mais lorſqu'il fallut deſcendre pour entrer chez Leſcaut, j'eus avec le cocher un nouveau démêlé dont les ſuites furent funeſtes. Je me repentis de lui avoir promis un louïs, non ſeulement parce que le préſent étoit exorbitant, mais par une autre raiſon bien plus forte, qui étoit l'impuiſſance de le païer. Je fis appeller Leſcaut. Il deſcendit de ſa chambre pour venir à la porte. Je lui dis à l'oreille dans quel embarras je me trouvois. Comme il étoit d'une humeur bruſque, & nullement accoûtumé à ménager un fiacre, il me répondit que je me moquois. Un louïs d'or! ajoûta-t-il, vingt coups de canne à ce coquin-là. J'eus beau lui répreſenter doucement qu'il alloit nous perdre. Il m'arracha ma canne avec l'air d'en vouloir maltraiter le cocher. Celui-ci à qui il étoit peut-être arrivé de tomber quelquefois ſous la main d'un Garde du Corps, ou d'un Mouſquetaire, s'enfuit de

de peur avec son carrosse, en criant
que je l'avois trompé, mais que
j'aurois de ses nouvelles. Je lui
répetai inutilement d'arrêter. Sa
fuite me causa une extrême inquiétude. Je ne doutai point qu'il
n'avertît le Commissaire. Vous
me perdez, dis-je, à Lescaut ; je
ne serois pas en sûreté chez vous.
Il faut nous éloigner dans le moment. Je prêtai le bras à Manon
pour marcher, & nous sortimes
promptement de cette dangereuse
ruë. Lescaut nous tint compagnie.
C'est quelque chose d'admirable,
que la maniére dont la providence
conduit les évenemens. A peine
avions nous marché cinq ou six
minutes, qu'un homme dont je ne
découvris point le visage, reconnut Lescaut. Il le cherchoit sans
doute aux environs de chez lui
avec le malheureux dessein qu'il
executa. C'est Lescaut, dit-il, en
lui lâchant un coup de pistolet, il
ira souper ce soir avec les anges.
Il se deroba aussi - tôt. Lescaut
tomba sans le moindre mouvement
de vie. Je pressai Manon de fuir,

car

car nos secours étoient inutiles à
un cadavre, & je craignois d'être
arrêté par le Guet qui ne pouvoit
tarder à paroître. J'enfilai avec
elle & le Valet la premiére petite ruë qui croisoit. Elle étoit si
éperduë que j'avois de la peine à
la soûtenir. Enfin aïant apperçu
un fiacre au bout de la ruë, je le
fis appeller. Nous y montâmes.
Mais lorsque le cocher me demanda où il falloit nous conduire ;
je fus embarassé à lui répondre.
Je n'avois point d'azile assuré, ni
d'ami de confiance à qui j'osasse
avoir recours. J'étois sans argent,
n'aïant gueres plus d'une demie
pistole dans ma bourse. La fraïeur
& la fatigue avoient tellement in-
commodé Manon, qu'elle étoit à
demi pamée auprès de moi. J'avois
d'ailleurs l'imagination remplie du
meurtre de Letcaut, & je n'étois
pas encore hors de l'apprehension
du Guet : quel parti prendre ! Je
me souvins heureusement de l'auberge de Chaillot où j'avois passé
quelques jours avec Manon, lorsque nous étions allez dans ce village

lage pour y demeurer. J'esperai non seulement d'y être en sûreté, mais d'y pouvoir vivre quelque tems sans être pressé de païer. Mène nous à Chaillot, dis-je au cocher. Il refusa d'y aller si tard à moins d'une pistole; autre sûjet d'embarras. Enfin nous convinmes de six francs. C'étoit toute la somme qui restoit dans ma bourse.

Je consolois Manon en avançant; mais dans le fond j'avois le désespoir dans le cœur. Je me serois donné mille fois la mort, si je n'eusse pas eû dans mes bras le seul bien qui m'attachoit à la vie. Cette seule pensée me remettoit. Je la tiens du moins, disois-je, elle m'aime, elle est à moi; Tiberge à beau dire, ce n'est pas là un fantôme de bonheur. Je verrois périr tout l'univers sans y prendre intérêt; pourquoi? je n'ai plus d'affection de reste. Ce sentiment étoit vrai; cependant dans le tems que je faisois si peu de cas des biens du monde, je sentois que j'aurois eû besoin d'en avoir du moins une petite partie pour mé-

méprifer encore plus fouveraine-
ment tout le refte. L'amour eft
plus fort que l'abondance , plus
fort que les tréfors & les richeffes,
mais il a befoin de leur fecours ;
& rien n'eft plus défefperant pour
un amant délicat que de fe voir
ramené par là malgré lui, à la
groffiereté des ames les plus baf-
fes. Il étoit environ onze heures
quand nous arrivâmes à Chaillot.
Nous fumes reçus à l'auberge
comme des perfonnes de connoiffance. On ne fut pas furpris de
voir Manon en habit d'homme,
parce qu'on eft accoûtumé à Paris
& aux environs à voir prendre aux
femmes toutes fortes de formes.
Je la fis fervir auffi proprement
que fi j'euffe été dans la meilleure
fortune. Elle ignoroit que je fuffe
mal en argent. Je me gardai bien
de lui en rien apprendre , étant
réfolu de rétourner feul à Paris le
lendemain, pour chercher quelque
remede à cette embarraffante efpece de maladie. Elle me parût
pâle, & maigrie en foupant. Je ne
m'en étois point apperçû à Hôpital ;

tal; parce que la chambre où je
l'avois vûë n'étoit pas des plus
claires. Je lui demandai si ce n'é-
toit point encore un effet de la
fraïeur qu'elle avoit eûë en voïant
assassiner son frere. Elle m'assura
que quelque touchée qu'elle fût de
cet accident, sa pâleur ne venoit
que d'avoir essuïé pendant trois
mois mon absence. Tu m'aimes
donc extrêmement, lui répondis-
je; mille fois plus que je ne puis
dire, reprit-elle: Tu ne me quit-
teras donc plus jamais, ajoûtai-
je; Non, jamais, repliqua-t-elle,
& elle me confirma cette assuran-
ce par tant de caresses & de sermens, qu'il me parût impossible en
effet qu'elle pût jamais les oublier.
J'ai toujours été persuadé qu'elle
étoit sincere; quelle raison auroit-
elle eû de se contrefaire jusqu'à
ce point ? mais elle étoit encore
plus volage ; ou plutôt elle n'é-
toit plus rien, & elle ne se re-
connoissoit pas elle-même, lorsqu'aïant devant les yeux des femmes qui vivoient dans l'abondance, elle se trouvoit dans la pauvreté,

vreté, & dans le befoin. J'étois à la veille d'en avoir une derniere preuve, qui a furpaffé toutes les autres, & qui a produit la plus étrange avanture qui foit jamais arrivée à un homme de ma naiffance & de ma fortune.

Comme je la connoiffois de cette humeur, je me hâtai le lendemain d'aller à Paris. La mort de fon frere, & la néceffité d'avoir du linge & des habits pour elle & pour moi, étoient de fi bonnes raifons, que je n'eus pas befoin de prétextes. Je fortis de l'auberge avec le deffein, dis-je, à Manon & à mon hôte, de prendre un carroffe de loüage; mais c'étoit une gafconnade. La néceffité m'obligea d'aller à pied, je marchai fort vîte jufqu'au Cours-la Reine; où j'avois deffein de m'arrêter. Il falloit bien prendre un moment de folitude & de tranquilité pour m'arranger, & prévoir ce que j'allois faire à Paris. Je m'affis fur l'herbe. J'entrai dans une mer de raifonnement & de réflexions qui fe reduiirent peu à peu à trois

prin-

principaux articles. J'avois besoin
d'un secours présent pour une
nombre infini de nécessitez présentes. J'avois à chercher quelque voïe qui pût du moins
m'ouvrir des esperances pour le
futur ; & ce qui n'étoit pas de
moindre importance, j'avois des
informations, & des mesures à
prendre pour la sûreté de Manon,
& pour la mienne. Après m'être
épuisé en projets, & en combi-
naisons sur ces trois chefs, je
jugeai encore à propos d'en re-
trancher les deux derniers. Nous
n'étions pas mal à couvert à Chaillot ; & pour les besoins futurs,
je crus qu'il seroit tems d'y penser
lorsque j'aurois satisfait aux pré-
sens. Il étoit donc question de
remplir actuellement ma bourse.
Mr. de T. m'avoit offert généreusement la sienne, mais j'avois
un extrême repugnance à le remettre moi-même sur cette matiere.
Quel personnage que d'aller exposer sa misere à un étranger, & de
le prier de nous faire part de son
bien ! Il n'y a qu'une ame lâche
qui

qui en ſoit capable, par une baſ-
ſeſſe qui l'empêche d'en ſentir l'indignité ; ou un Chrêtien humble
par un excès de généroſité qui le
rend ſuperieur à cette honte. Je
n'étois ni un homme lâche, ni
un bon Chrêtien, j'aurois donné
la moitié de mon ſang pour éviter
cette humiliation. Tiberge, diſois-
je, le bon Tiberge, me refuſera-
t-il, ce qu'il ſera en état de me
donner ? Non, il ſera touché de
ma miſere ; mais il m'aſſaſſinera
par ſa morale. Il faudra eſſuïer
ſes reproches, ſes exhortations,
ſes menaces, il me fera acheter ſes
ſecours ſi cher, que je donnerois
encore une partie de mon ſang plutôt que de m'expoſer à cette ſcene
fâcheuſe, qui me laiſſera du trouble & des remords. Bon, repre-
nois-je, il faut donc renoncer à
tout eſpoir, puiſqu'il ne me reſte
point d'autre voïe, & que je ſuis
ſi éloigné de m'arrêter à ces deux-
là, que je verſerois plus volontiers
la moitié de mon ſang que d'en
prendre une, c'eſt-à-dire, tout mon
ſang plutôt que de les prendre
toutes

toutes les deux. Ouï, mon sang
tout entier, ajoutai-je, après une
réflexion d'un moment, je le donnerois plutôt que de me reduire à
une basse supplication. Mais il s'a-
git bien ici de mon sang! Il s'agit
de la vie, & de l'entretien de
Manon, il s'agit de son amour,
& de sa fidelité : qu'ai-je à mettre en balance avec elle ? Je n'y
ai rien mis jusqu'à présent, elle
me tient lieu de gloire, de bonheur, & de fortune. Il y a bien
des choses sans doute que je
donnerois ma vie pour obtenir ou
pour éviter, mais estimer une
chose plus que ma vie n'est pas
une raison pour l'estimer autant
que Manon. Je ne fus pas longtems à me déterminer après ce
raisonnement. Je continuai mon
chemin, resolu d'aller d'abord
chez Tiberge, & de là chez Mr.
de T...

En entrant à Paris je pris un
fiacre, quoique je n'eusse pas de
quoi le païer; je comptois sur les
secours que j'allois solliciter. Je
me fis conduire au Luxembourg,

d'où

d'où j'envoïai avertir Tiberge que
j'étois à l'attendre. Il satisfit
mon impatience par sa promptitu-
de. Je lui appris l'extrêmité de mes
besoins sans nul détour. Il me demanda si les cent pistoles que je
lui avois renduës me suffiroient,
& sans m'opposer un seul mot de
difficulté, il me les fut querir dans
le moment avec cet air ouvert, &
ce plaisir à donner qui n'est connu
que de l'amour, & de la véritable
amitié. Quoique je n'eusse pas eû
le moindre doute du succès de ma
demande, je fus surpris de l'avoir
obtenuë à si bon marché, c'est-à-
dire, sans qu'il m'eut querellé sur
mon impenitence ; mais je me
trompois en me croïant tout-à-fait
quitte de ses reproches ; car lorsqu'il eût achevé de me compter
son argent & que je me préparois à
le quitter, il me pria de faire avec
lui un tour d'allée : je ne lui avois
point parlé de Manon, il ignoroit
qu'elle fut en liberté ; ainsi sa morale ne tomba que sur ma fuite
téméraire de St. Lazare, & sur la
crainte où il étoit, qu'au lieu de
pro-

profiter des leçons de sageſſe que
j'y avois reçûes, je ne repriſſe le
train du deſordre. Il me dit qu'é-
tant allé pour me viſiter à St.
Lazare le lendemain de mon évaſion, il avoit été fappé au-delà
de toute expreſſion, en apprenant
la maniére dont j'en étois ſorti ;
qu'il avoit eu là-deſſus un entretien avec le Superieur ; que ce bon
Pere n'étoit pas encore remis de
ſon effroi ; qu'il avoit eu néanmoins la générofité de déguifer à
Mr. le Lieutenant de Police les
circonſtances de mon évaſion, &
qu'il avoit empêché que la mort
du Portier ne fût connuë au dehors ; que je n'avois donc de ce
côté là nul fujet d'allarme ; mais
que s'il me reſtoit le moindre ſentiment de ſageſſe ; je profiterois de
cet heureux tour que le Ciel donnoit à mes affaires ; que je devois
commencer par écrire à mon pere,
& me remettre bien avec lui, &
que ſi je voulois ſuivre une fois
ſon conſeil, il étoit d'avis que je
quittaſſe Paris pour retourner dans
le ſein de ma famille. J'écoutai

Tom. VII.　　　　　I　　　　　ſon

son discours jusqu'à la fin. Il y avoit là bien des choses satisfaisantes. Je fus ravi premiérement de n'avoir rien à craindre du côté de St. Lazare. Les ruës de Paris me redevenoient un païs libre. En second lieu, je m'applaudis de ce que Tiberge n'avoit pas la moindre idée de la délivrance de Manon, & de son retour avec moi. Je remarquois même qu'il avoit évité de me parler d'elle ; dans l'opinion apparemment qu'elle me tenoit moins au cœur puisque je paroissois si tranquille sur son sujet. Je resolus sinon de retourner dans ma famille, du moins d'écrire à mon pére comme il me le conseilloit, & de lui témoigner que j'étois disposé à rentrer dans l'ordre de mes devoirs , & de ses volontez. Mon esperance étoit de l'engager à m'envoïer de l'argent, sous prétexte de faire mes exercices à l'Académie ; car j'aurois eu peine à lui persuader que j'eusse dessein de retourner à l'Etat Ecclesiastique ; & dans le fond je n'avois nul éloignement pour ce que je voulois lui
pro-

promettre, étant bien aise au contraire de m'appliquer à quelque chose d'honnête, & de raisonnable ; autant que cela pourroit s'accorder avec mon amour pour Manon. Je faisois mon compte de vivre avec elle, & de faire en même tems mes exercices. Cela étoit fort compatible. Je fus si satisfait de toutes ces idées, que je promis à Tiberge de faire partir le jour même une lettre pour mon pere. J'entrai effectivement dans un bureau d'écriture en le quittant, & j'écrivis d'une maniére si tendre & si soumise, que je ne doutai point que je n'obtinsse quelque chose du cœur paternel.

Quoique je fusse en état de prendre & de païer un fiacre après avoir quitté Tiberge, je me fis un plaisir de marcher fierement à pied en allant chez Mr. de T... Je trouvois de la joye dans cet exercice de ma liberté, pour laquelle mon ami m'avoit assuré que je n'avois plus rien à craindre. Cependant il me revint tout d'un coup à l'esprit, que ses assurances ne regar-

doient

doient que St. Lazare, & que
j'avois outre cela l'affaire de l'Hôpital sur les bras ; sans compter
la mort de Lescaut, dans laquelle
j'étois mêlé du moins comme témoin. Ce souvenir m'effraïa tellement, que je me retirai dans la
premiere allée d'où je fis appeller
un carrosse. J'allai droit chez Mr. de
T . . . que je fis rire de ma fraïeur.
Elle me parut encore plus risible ;
lorsqu'il m'eut appris que je n'avois
rien à craindre du côté de l'Hôpital, ni de Lescaut. Il me dit que
dans la pensée qu'on pourroit le
soubçonner d'avoir eu part à l'en-
levement de Manon, il étoit allé
le matin à l'Hôpital demander à
la voir, & faisant semblant d'ignorer ce qui étoit arrivé ; qu'on étoit
si éloigné de nous accuser, ou lui,
ou moi, qu'on s'étoit empressé au
contraire de lui apprendre cette a-
vanture comme une étrange nouvelle, & qu'on admiroit qu'une
fille aussi jolie que Manon, eût
consenti à fuir avec un Valet ;
qu'il s'étoit contenté de répondre
froidement qu'il n'en étoit pas surpris,

pris & qu'on faifoit tout pour la
liberté. Il continua à me raconter qu'il étoit allé de-là chez
Lefcaut, dans l'efperance de me
trouver avec ma charmante maitreffe ; que l'hôte de la maifon
qui étoit un carroffier lui avoit pro-
teffé qu'il n'avoit vû, ni elle, ni
moi ; mais qu'il n'étoit point éton-
nant que nous n'euffions point
parû chez lui, fi c'étoit pour Lefcaut que nous devions y venir ;
parce que nous aurions fans doute
appris qu'il venoit d'être tué à peu
près dans le tems dont Mr. de T.
parloit. Sur quoi il lui raconta
ce qu'il fçavoit de la caufe, & des
circonftances de cette mort ; il lui
dit qu'environ deux heures avant
l'accident, un Garde du Corps des
amis de Lefcaut l'étoit venu voir,
& lui avoit propofé de jouër ; que
Lefcaut avoit gagné fi rapidement,
que l'autre s'étoit trouvé cent écus
de moins en une heure, c'eft-à-
dire, tout fon argent ; que ne lui
reftant point un fou il avoit prié
Lefcaut de lui prêter la moitié de la
fomme qu'il avoit perduë, & que fur

I 3

quel-

quelques difficultez nées à cette occafion, ils s'étoient querellez avec
une animofité extrême; que Lefcaut
avoit refufé de fortir pour mettre
l'épée à la main, & que l'autre
avoit juré en le quittant de lui caffer
la tête, ce qu'il avoit apparemment
executé le foir même. Mr. de T.
eut l'honnêteté d'ajoûter, qu'il
avoit été fort inquiet par rapport
à nous, & il continua à m'offrir
fes fervices. Je ne balançai point
à lui apprendre le lieu de notre
retraite. Il me pria de trouver
bon qu'il allât foûper avec nous;
il ne me reftoit plus qu'à acheter
du linge, & des habits pour Manon; je lui dis que nous pouvions
partir à l'heure même, s'il vouloit prendre la peine de s'arrêter
un moment avec moi chez quelques Marchands. Je ne fçais s'il
crût que je lui faifois cette propofition à deffein d'intereffer fa générofité, ou fi ce fut par un mouvement qui venoit de lui-même;
mais aïant confenti à partir auffi-
tôt, il me mena chez les Marchands qui fourniffoient fa maifon

son, & après m'avoir fait choisir
plusieurs étoffes d'un prix plus
considerable que je ne m'étois
proposé, il défendit absolument
au Marchand de recevoir un sou
de mon argent. Il fit cette galan-
terie de si bonne grace, que je crus
pouvoir en profiter sans honte.
Nous primes ensemble le chemin
de Chaillot, où j'arrivai avec
moins d'inquiétude que je n'en
étois parti.

Le Chevalier de Grieux aïant
emploïé plus d'une heure à ce recit, je le priai de prendre un peu
de relâche jusqu'après notre souper, il convint lui-même qu'il en
avoit besoin, & jugeant par notre
attention que nous l'avions écouté
avec plaisir, il nous assura que
nous trouverions encore quelque
chose de plus interessant dans la
suite de son histoire. Il la reprit
ainsi lorsque nous eûmes fini de
souper,

HISTOIRE

Du Chevalier des Grieux & de Manon Lescaut.

LIVRE SECOND.

A préfence & la compagnie de Mr. de T. diffiperent tout ce qui pouvoit refter de chagrin à Manon. Oublions nos fraïeurs paffées, ma chere ame, lui dis-je en arrivant, & recommençons à vivre plus heureux que jamais. Après tout, l'amour eft un bon maître. La fortune ne fçauroit nous caufer autant de peines qu'il nous fait goûter de plaifirs. Notre fouper fut une vraïe fcene de joye. J'étois plus fier & plus content avec Manon & mes cent piftoles, que le plus riche Partifan de Paris avec fes tréfors entaffez. Il faut compter fes richeffes par les moïens qu'on a de fatisfaire fes

defirs

defirs. Je n'en avois pas un feul à remplir. L'avenir même ne me caufoit nul embarras. J'étois prefque fûr que mon pére ne feroit point difficulté de me donner de quoi vivre honnêtement à Paris, parce qu'étant dans ma vingtiéme année, j'étois en droit d'exiger ma part du bien de ma mere. Je ne cachai point à Manon que le fond de mes richeffes n'étoit que de cent piftoles. C'étoit affez pour attendre tranquillement une meilleure fortune, qui ne me fembloit pas pouvoir manquer, foit du côté de ma famille , foit du côté du jeu.

J'ai remarqué dans toute ma vie que le ciel a toujours choifi pour me frapper de fes plus rudes châtimens , le tems où ma fortune me fembloit le plus folidement établie. Je me croïois fi heureux en foupant avec Mr. de T . . . & Manon , qu'on n'auroit pû me faire comprendre, que j'euffe à craindre encore quelque nouvel obftacle à ma félicité ; cependant il s'en préparoit un fi funefte qu'il

 m'a

m'a réduit à l'état où vous m'avez
vû à Paſſy, & enſuite à des extrêmitez ſi déplorables, que vous
aurez peine à croire mon recit
fidelle. Dans le tems que nous
étions à table, nous entendimes
le bruit d'un carroſſe qui s'arrêtoit
à la porte de l'Hôtellerie. La curioſité nous fit déſirer de ſçavoir
qui ce pouvoit être qui arrivoit ſi
tard. On nous dit que c'étoit le
jeune Monſieur de G. M., c'eſt-à-
dire, le fils de notre plus cruel ennemi, de ce vieux débauché qui
m'avoit mis à St. Lazare, & Manon à l'Hôpital. Son nom me fit
monter la rougeur au viſage. C'eſt
le ciel qui me l'amene, dis-je, à
Mr. de T. pour le punir de la lâcheté de ſon pére. Il ne m'écha-
pera pas que nous n'aïons meſuré
nos épées. Mr. de T. qui le
connoiſſoit & qui étoit même de
ſes meilleurs amis, s'efforça de me
faire prendre de meilleurs ſentimens pour lui. Il m'aſſura que
c'étoit un jeune homme très-ai-
mable, & ſi peu capable d'avoir
eû part à l'action de ſon pére, que

je

je ne le verrois pas moi-même un moment sans lui accorder mon estime & sans désirer la sienne. Après m'avoir dit mille choses à son avantage, il me pria de consentir qu'il allât lui proposer de venir prendre place avec nous, & de s'accommoder du reste de notre souper. Il prévint l'objection du péril où c'étoit exposer Manon, que de découvrir sa demeure au fils de notre ennemi, en protestant sur son honneur, & sur sa foi, que lorsqu'il nous connoîtroit nous n'aurions point de plus zélé défenseur. Je ne fis difficulté de rien après de telles assurances. Mr. de T. nous l'amena après avoir pris un moment pour l'informer qui nous étions. Il entra d'un air qui nous prévint effectivement en sa faveur. Il m'embrassa. Nous nous assîmes. Il admira Manon, moi, tout ce qui nous appartenoit, & il mangea d'un appetit qui fit honneur à notre souper ; lorsqu'on eut déservi, la conversation devint plus sérieuse. Il nous parla de l'excès où son pére s'étoit porté

con-

contre nous, avec déteſtation. Il
nous fit les excuſes les plus ſou-
miſes. Je les abrege, nous dit-il,
pour ne pas rénouveller un ſouvenir qui me cauſe trop de honte.
Si elles étoient ſinceres dès le
commencement, elles le dévin-
rent bien plus dans la ſuite ; car
il n'eut pas paſſé une demie-heure
à s'entretenir avec nous, que je
m'apperçus de l'impreſſion que les
charmes de Manon faiſoient ſur
lui. Je vis ſes régards, & ſes
manieres s'attendrir par dégrez.
Il ne laiſſa rien échaper néanmoins
dans ſes diſcours, mais ſans être
aidé de la jalouſie, j'avois trop
d'expérience en amour pour ne
pas diſcerner ce qui venoit de cette
ſource. Il nous tint compagnie
pendant une partie de la nuit,
& il ne nous quitta qu'après s'être
félicité beaucoup de notre connoiſſance & nous avoir prié de lui
accorder la liberté de venir nous
renouveller quelquefois l'offre de
ſes ſervices. Il partit le lendemain
avec Mr. de T. . qui ſe mit avec
lui dans ſon carroſſe.

Je

Je n'avois, comme j'ai dit, nul penchant à la jalousie. J'étois plus credule que jamais pour les sermens de Manon. Cette charmante créature étoit si absolument maitresse de mon ame, que je n'avois pas un seul petit sentiment qui ne fût de l'estime & de l'amour. Loin de lui faire un crime d'avoir plû à G. M. j'étois ravi de cet effet de ses charmes, & je m'applaudissois d'être aimé d'une fille que tout le monde trouvoit aimable. Je ne jugeai pas même à propos de lui communiquer le soubçon que j'avois conçû de G. M . . . . Nous fumes occupez pendant quelques jours du soin de faire ajuster ses habits, & à déliberer si nous pouvions aller à la Comedie sans apprehender d'être reconnus. Mr. de T. revint nous voir avant la fin de la semaine : nous le consultâmes là-dessus. Il vit bien qu'il falloit dire oui pour faire plaisir à Manon. Nous résolumes d'y aller le même soir avec lui : ce que nous ne pûmes néanmoins executer, car m'aïant tiré

I 7

aussi-

auffi-tôt en particulier; je me fuis trouvé, me dit-il, dans le dernier embarras depuis que je ne vous ai vû, & la vifite que je vous fais aujourd'hui en eft une fuite. G. M. aime votre maitreffe, il m'en a fait confidence. Je fuis fon intime ami, & difpofé en tout à le fervir; mais je ne fuis pas moins le votre. J'ai confideré que fes intentions font injuftes & je les ai condamnées. Cependant j'aurois gardé fon fecret, s'il n'avoit deffein d'emploïer pour plaire que les voïes communes; mais il eft bien informé de l'humeur de Manon. Il a fçû, je ne fçai d'où, qu'elle aime l'abondance, & les plaifirs, & comme il jouït déja d'un bien confiderable, il m'a déclaré qu'il veut la tenter d'abord par un très-gros préfent & par l'offre de dix mille livres de penfion. Toutes chofes égales, j'aurois peut-être eû beaucoup plus de violence à me faire pour le trahir, mais la juftice s'eft jointe en votre faveur à l'amitié; d'autant plus qu'aïant été la caufe imprudente de la paffion

sion de G. M. en l'introduisant ici, je suis obligé de prévenir les effets du mal que j'ai causé.

Je remerciai Mr. de T. . d'un service de cette importance, je lui avoüai avec un parfait retour de confiance, que le caractere de Manon étoit tel que G. M. se le figuroit, c'est-à-dire, qu'elle ne pouvoit supporter le nom de la pauvreté. Cependant, lui dis-je, lorsqu'il n'est question que du plus ou du moins, je ne la crois pas capable de m'abandonner pour un autre. Je suis en état de ne la laisser manquer de rien, & je compte que ma fortune va s'augmenter de jour en jour. Je ne crains qu'une chose, ajoûtai-je; c'est que G. M. ne se serve de la connoissance qu'il a de notre demeure pour nous rendre quelque mauvais office. Mr. de T. . m'assura que je devois être sans apprehension de ce côté-là; que G. M. . étoit capable d'une folie amoureuse, mais qu'il ne l'étoit point d'une bassesse; que s'il avoit la lâcheté d'en commettre une, il seroit le pré-

mier

mier lui qui parloit à l'en punir, & à réparer par-là le malheur qu'il avoit en d'y donner occafion. Je vous fuis obligé de ce fentiment, répris-je, mais le mal feroit fait, & le remede fort incertain. Ainfi le parti le plus fage eft de le prévenir en quittant Chaillot pour prendre un autre demeure : ouï, réprit Mr. de T . . . ; mais vous aurez peine à le faire auffi promptement qu'il faudroit, car G. M. doit être ici à midi ; il me le dit hier , & c'eft ce qui m'a porté à venir fi matin pour vous informer de fes vûës. Il peut arriver à tout moment. Cette derniere circonftance commença à me faire regarder cette affaire d'un œil plus férieux. Comme il me fembloit impoffible d'éviter la vifite de G. M . . , & qu'il me le feroit auffi fans doute de l'empêcher de s'ouvrir à Manon, je pris le parti de la prévenir elle-même, fur le deffein de ce nouveau Rival. Je m'imaginai que me fachant inftruit des propofitions qu'il lui feroit & les recevant à mes yeux,

elle

elle auroit assez de force pour les rejetter , & me demeurer fidelle. Je découvris ma pensée à Mr. de T. . . qui me répondit que cela étoit extrêmement délicat. Je l'avouë, lui dis-je, mais toutes les raisons qu'on peut avoir d'être sûr du cœur d'une Maitresse, je les ai de compter sur l'affection de la mienne. Il n'y auroit que la grandeur des offres qui pût l'éblouïr, & je vous ai dit qu'elle n'est point avare. Elle aime ses aises ; mais elle m'aime aussi ; & dans la situation où sont mes affaires , je ne sçaurois croire qu'elle me préfere le fils d'un homme qui l'a mise à l'Hôpital. En un mot, je persistai dans mon dessein , & m'étant retiré à l'écart avec Manon. Je lui déclarai naturellement tout ce que je venois d'apprendre. Elle me remercia de la bonne opinion que j'avois d'elle, & elle me promit de recevoir les offres de G. M. d'une maniere qui lui ôteroit l'envie de les renouveller. Non, lui dis-je, il ne faut pas l'irriter par une brusquerie, il peut nous nuire ;

mais

mais vous fçavez affez vous autres friponnes, ajoûtai-je en riant,
comment vous défaire d'un amant
desagréable, ou incommode. Elle
reprit la parole après avoir un peu
rêvé; il me vient un deffein admirable, s'écria-t-elle, & je fuis
toute glorieufe de l'invention. G.
M. eft le fils de notre plus cruel
ennemi; il faut nous vanger du
pére; non pas fur le fils mais fur
fa bourfe. Je veux l'écouter, accepter fes préfens, & me moquer
de lui. Le projet eft joli, lui dis-
je, mais tu ne fonges pas, mon
pauvre enfant, que c'eft le chemin
qui nous a conduits tout droit à
l'Hôpital. J'eus beau lui réprefenter le péril de cette entreprife.
Elle me dit qu'il ne s'agiffoit que
de bien prendre nos mefures, &
elle répondit à toutes mes objec-
tions. Donnez-moi un Amant qui
n'entre point aveuglément dans
tous les caprices d'une maitreffe
adorée, & je conviendrai que j'eus
tort de céder fi facilement à la
mienne. La réfolution fut prife de
faire une duppe de G. M. & par
un

un tour bizarre, de mon fort, il
arriva que je devins la fienne.

Nous vimes paroître fon carroffe
vers les onze heures. Il nous fit
des complimens honnêtes fur la
liberté qu'il prenoit de venir dîner
avec nous. Il ne fut pas furpris
de trouver Mr. de T. . qui lui
avoit promis la veille de s'y rendre auffi, & qui avoit prétexté
quelques affaires pour fe difpenfer
de venir dans la même voiture.
Quoiqu'il n'y eût pas un feul de
nous qui ne portât la trahifon dans
le cœur, nous nous mimes à table avec un air de confiance, &
d'amitié. G. M. trouva aifément
l'occafion de déclarer fes fentimens à Manon; je ne dûs pas lui
paroître gênant, car je m'abfentai
exprès pendant quelques minutes.
Je m'apperçus à mon retour qu'on
ne l'avoit pas défefperé par un excès de rigueur. Il étoit de la
meilleure humeur du monde. J'affectai de le paroître auffi; il rioit
interieurement de ma fimplicité,
& moi de la fienne : nous fumes
mes l'un pour l'autre, une fcene
fort

fort agréable, pendant tout l'après
midi. Je lui ménageai encore avant
son départ un moment d'entretien
particulier avec Manon , de sorte
qu'il eut lieu de s'applaudir de ma
complaisance autant que de la bonne chere. Auffi-tôt qu'il fut mou-
té en carroffe avec Mr. de T ...
Manon accourût à moi les bras
ouverts , & elle m'embraffa en
éclatant de rire. Elle me repeta
fes difcours & fes propofitions fans
y changer un mot. Ils fe redui-
foient à ceci : Il l'adoroit. Il vouloit partager avec elle quarante
mille livres de rente dont il jouif-
foit déja, fans compter ce qu'il attendoit après la mort de fon pere,
Elle feroit la maitreffe de fon
cœur & de fa bourfe ; & pour le
commencement de fes bienfaits,
il étoit prêt à lui donner un carroffe , un hôtel meublé , une femme
de chambre , trois laquais , & un
cuifinier. Voilà un fils , dis-je à
Manon, bien autrement genereux
que fon pére. Parlons de bonne
foi, ajoutai-je, cette offre ne vous
tente-t-elle point ? Moi ? répondit-
elle

elle en ajustant à sa pensée deux vers de Racine,

> Moi ? vous me soupçonnez de cette perfidie ?
> Moi ? je pourrois souffrir un visage odieux,
> Qui rappelle toujours l'Hôpital à mes yeux ?

Non, repris-je en continuant la parodie.

> J'aurois peine à penser que l'Hôpital, Madame,
> Fût un trait dont l'amour l'eût gravé dans votre Ame.

Mais c'en est un bien séduisant qu'un hôtel meublé avec un carrosse, & trois laquais ; & l'amour en a peu d'aussi forts. Elle me protesta que son cœur étoit à moi pour toujours, & qu'il ne recevroit jamais d'autres traits que les miens. Les promesses qu'il m'a faites, me dit-elle, sont un aiguillon de vangeance, plutôt qu'un trait d'amour.

mour. Je lui demandai si elle é-
toit dans le deſſein d'accepter l'hôtel, & le carroſſe. Elle me répondit qu'elle n'en vouloit qu'à ſon
argent. La difficulté étoit d'obtenir l'un ſans l'autre. Nous re-
ſolumes d'attendre l'entiere explication du projet de G. M. dans
une lettre qu'il lui avoit promis
de lui écrire. Elle la reçeut en
effet le lendemain par un laquais
ſans livrée, qui ſe procura adroitement l'occaſion de lui parler ſans
témoin. Elle lui dit d'attendre
ſa réponſe, & elle vint m'apporter
auſſi-tôt ſa lettre. Nous l'ouvri-
mes enſemble. Outre les lieux
communs de tendreſſe, elle con-
tenoit le détail des promeſſes de
mon Rival. Il ne bornoit point
ſa dépenſe. Il s'engageoit à lui
compter dix mille francs en prenant poſſeſſion de l'hôtel, & à réparer tellement les diminutions de
cette ſomme, qu'elle l'eût toujours
devant-elle en argent comptant.
Le jour de l'inauguration n'étoit
pas reculé trop loin. Il ne lui en
demandoit que deux pour diſpo-
ſer

fer les chofes à la recevoir , &
il lui marquoit le nom de la ruë,
& de l'hôtel , où il lui promettoit
de l'attendre l'après-midi du fecond
jour , fi elle pouvoit fe dérober
de mes mains. C'étoit l'unique
point fur lequel il la conjuroit de
de le tirer d'inquiétude ; parce
qu'il paroiffoit être affuré de tout
le refte ; il ajoutoit que fi elle pre-
voïoit de la difficulté à m'échaper ,
il trouveroit le moïen de rendre fa
fuite aifée.

G. M. étoit plus raffiné que fon
pére. Il vouloit tenir fa proïe a-
vant que de compter fes efpeces.
Nous déliberâmes fur la conduite
que Manon avoit à tenir. Je fis
encore des efforts pour lui ôter
cette entreprife de la tête , & je lui
en reprefentai tous les dangers.
Elle s'obftina à terminer l'avanture.
Elle fit une courte réponfe à G.
M. pour l'affurer que rien ne lui
feroit plus facile que de fe rendre
à Paris le jour marqué , & qu'il
pourroit l'attendre avec certitude.
Nous reglâmes enfuite que je
partirois fur le champ pour aller

louër

louër un nouveau logement dans quelque village à l'autre côté de Paris, & que je tranſporterois avec moi notre petit équipage ; que le lendemain après midi qui étoit le tems de ſon aſſignation, elle ſe rendroit de bonne heure à Paris, qu'après avoir reçeu les préſens de G. M. elle le prieroit inſtamment de la conduire à la Comedie, qu'elle prendroit avec elle tout ce qu'elle pourroit porter de la ſomme, & qu'elle chargeroit du reſte mon Valet qu'elle vouloit mener avec elle. C'étoit le même qui l'avoit délivrée de l'Hôpital, & qui nous étoit infiniment attaché. Je devois me retrouver avec un fiacre à l'entrée de la ruë St. André des Arts, & l'y laiſſer vers les ſept heures pour m'avancer dans l'obſcurité à la porte de la Comedie ; Manon me promettoit d'inventer un prétexte pour ſortir un inſtant de ſa loge, & de l'emploïer à deſcendre pour me rejoindre ; l'execution du reſte étoit facile. Nous aurions regagné mon fiacre en un moment, & nous ſerions ſortis de Paris par

le

le Fauxbourg St. Antoine qui étoit
le chemin de notre nouvelle demeure. Ce dessein tout extrava-
gant qu'il étoit nous parût assez
bien arrangé ; mais il y avoit dans
le fond une folle imprudence à s'i-
maginer, que quand il eût réussi le
plus heureusement du monde, nous
eussions jamais pû nous mettre à
couvert des suites. Cependant nous
nous exposames avec la plus témer-
raire confiance. Manon partit avec
Marcel, (c'est ainsi que se nommoit notre valet.) Je la vis partir
avec douleur. Je lui dis en l'em-
braslant ; Manon ne me trompez
point ; me serez-vous fidelle ? Elle
se plaignit tendrement de ma défiance, & elle me réïtera tous ses
sermens. Son compte étoit d'arriver à Paris sur les trois heures. Je
partis après elle. J'allai me morfondre le reste de l'après-midi dans
le caffé de Feré au Pont St. Mi-
chel. J'y demeurai jusqu'à six
heures. J'en sortis alors pour prendre un fiacre, que je postai selon
notre projet à l'entrée de la ruë
de St. André des Arts ; ensuite

je

je gagnai à pied la porte de la Comedie. Je fus surpris de n'y pas trouver Marcel qui devoit être à m'attendre. Je pris patience pendant une heure, confondu parmi une foule de laquais & occupé à examiner les passans. Enfin sept heures étant sonnées sans que j'eusse rien apperçu qui eût rapport à nos desseins, je pris un billet de parterre pour aller voir si je découvrirois Manon, & G. M. dans les loges. Ils n'y étoient ni l'un, ni l'autre. Je retournai à la porte où je passai encore un quart d'heure, transporté d'impatience, & d'inquiétude. N'aïant rien vû paroitre je rejoignis mon fiacre sans pouvoir m'arrêter à une resolution assurée. Le cocher m'aïant apperçû vint quelques pas au devant de moi, pour me dire doucement qu'il y avoit une jolie demoiselle qui m'attendoit depuis une heure dans le carosse ; qu'elle m'avoit demandé à des signes qu'il avoit bien reconnus, & qu'aïant appris que je devois revenir, elle avoit dit qu'elle ne s'impatienteroit point

à

à m'attendre. Je me figurai auſſi-
tôt que c'étoit Manon. J'approchai,
mais je vis un joli petit viſage qui
n'étoit pas le ſien. C'étoit une
étrangere qui me demanda d'abord
ſi elle n'avoit pas l'honneur de
parler à Mr. le Chevalier Des
Grieux ? Je lui dis que c'étoit mon
nom. J'ai une lettre à vous rendre, reprit-elle, qui vous inſtruira
du ſujet qui m'amene, & par quel
rapport j'ai l'avantage de connoître votre nom. Je la priai de me
donner le tems de la lire dans un
cabaret voiſin. Elle voulut me
ſuivre, & elle me conſeilla de demander une chambre à part. De
qui vient cette lettre, lui dis-je, en
montant : elle me remit à la lecture.

Je reconnus le caractere de Manon ; voici à peu près ce qu'elle me
marquoit. G. M. l'avoit reçuë
avec une politeſſe & une magnificence au delà de toutes mes idées.
Il l'avoit comblée de préſens, &
il lui faiſoit enviſager un ſort de
Reine. Elle m'aſſuroit néanmoins
qu'elle ne m'oublioit pas dans cet-

te

te nouvelle splendeur ; mais que n'aïant pû faire consentir G. M. à la mener ce soir à la Comedie, elle remettoit à un autre jour le plaisir de me voir, & que pour me consoler un peu de la peine qu'elle prévoïoit que cette nouvelle pourroit me causer ; elle avoit trouvé le moïen de me procurer une des plus jolies filles de Paris, qui seroit la Porteuse de son billet. Signé, votre fidelle amante, Manon Lescaut.

Il y avoit quelque chose de si cruel & de si insultant pour moi dans cette lettre, que demeurant suspendu quelque tems entre la colere, & la douleur, j'entrepris de faire un effort pour oublier éternellement mon ingrate & parjure maitresse. Je jettai les yeux sur la fille qui étoit auprès de moi. Elle étoit extrêmement jolie, & j'aurois souhaité qu'elle l'eût été assez pour me rendre parjure & infidelle à mon tour ; mais je n'y trouvai point ces yeux fins & languissans, ce port divin, ce teint

de la composition de l'amour, enfin ce fond inépuisable de charmes
que la nature avoit prodiguez à la
perfide Manon. Non, non, lui
dis-je en cessant de la regarder,
l'ingrate qui vous envoïe sçavoit
fort bien qu'elle vous faisoit faire
une démarche inutile. Retournez
à elle, & dites lui de ma part, qu'elle jouisse tranquillement de son
crime, & qu'elle en joüisse s'il se
peut sans remord. Je l'abandonne
sans retour, & je renonce en même
temps à toutes les femmes, qui
ne sçauroient être aussi aimables
qu'elle, & qui sont sans doute aussi
lâches, & d'aussi mauvaise foi. Je
fus alors sur le point de descendre,
& de me retirer sans prétendre davantage à Manon; & la jalousie
mortelle qui me déchiroit le cœur
se déguisant en une morne & som-
bre tranquilité, je me crus d'autant plus proche de ma guérison,
que je ne sentois nul de ces mouvemens violens dont j'avois été
agité dans les mêmes occasions.
Helas! j'étois la duppe de l'amour
autant que je croïois l'être de G.M.

K 3 &

& de Manon. Cette fille qui m'a-
voit apporté la lettre me voïant
prêt à descendre l'escalier , me
demanda ce que je voulois donc
qu'elle rapportât à Mr. de G. M. &
à la dame qui étoit avec lui. Je
rentrai dans la chambre à ces paroles , & par un changement in-
croïable à ceux qui n'ont jamais
senti de passions violentes ; je me
trouvai tout d'un coup de la tranquilité où je croïois être dans un
transport terrible de fureur. Va,
lui dis-je , rapporte au traitre G. M.
& à sa perfide maitresse le désef-
poir où ta maudite lettre m'a jetté ;
mais apprens leur qu'ils n'en riront
pas longtems , & que je les poig-
narderai tous deux de ma propre
main.   Je me jettai sur une chaise.
Mon chapeau tomba d'un côté &
ma canne de l'autre.   Deux ruis-
seaux de larmes ameres commen-
cerent à couler de mes yeux. L'ac-
cès de rage que je venois de sentir se changea en une profonde douleur. Je ne fis plus que pleurer en
poussant des gémissemens & des
soupirs. Approche, mon enfant,
ap-

approche, m'écriai-je en parlant à la jeune fille, approche puisque c'est toi qu'on envoïe pour me consoler. Dis moi si tu sçais des consolations contre la rage & le désespoir, contre l'envie de te donner la mort à soi-même, après avoir tué deux perfides qui ne méritent pas de vivre. Ouï, approche, continuai-je en voïant qu'elle faisoit vers moi quelques pas timides, & incertains. Vien essuïer mes larmes. Vien rendre la paix à mon cœur. Vien me dire que tu m'aimes, afin que je m'accoûtume à l'être d'une autre que de mon infidelle. Tu es jolie, je pourrai peut-être t'aimer à mon tour. Cette pauvre enfant qui n'avoit pas seize ou dix-sept ans, & qui paroissoit avoir plus de pudeur que ses pareilles, étoit extraordinairement surprise d'une si étrange scene. Elle s'approcha pourtant pour me faire quelques caresses, mais je l'écartai aussi-tôt en la repoussant de mes mains. Que veux-tu de moi, lui dis-je ? Ah ! tu es une femme, tu es d'un sexe que je déteste, & que je ne puis

plus

plus souffrir. La douceur de ton
visage me menace encore de quelque trahison. Va-t-en, & laisse moi seul ici. Elle me fit une
reverence sans oser rien dire, &
elle se tourna pour sortir. Je lui
criai de s'arrêter; mais appren moi
du moins, repris-je, pourquoi,
comment, à quel dessein tu as été
envoïée ici? Comment as-tu découvert mon nom, & le lieu où
tu pouvois me trouver? Elle me
dit qu'elle connoissoit de longue
main M. de G. M., qu'il l'avoit
envoïée chercher à cinq heures,
qu'aïant suivi le laquais qui l'avoit
avertie, elle étoit allée dans une
grande maison où elle l'avoit trouvé qui jouoit au piquet avec
une jolie dame, & qu'ils l'avoient
chargée tous deux de me rendre
la lettre qu'elle m'avoit apporté,
après lui avoir appris qu'elle me
trouveroit dans un carrosse au bout
de la ruë St. André. Je lui demandai s'ils ne lui avoient rien dit davantage, elle me répondit en rou-
gissant qu'ils lui avoient fait esperer que je la prendrois pour me

tenir

tenir compagnie. On t'a trompée, lui dis-je, ma pauvre fille. On t'a trompée. Tu es une femme, il te faut un homme, mais il t'en faut un qui soit riche & heureux, & ce n'est pas ici que tu le peux trouver. Retourne, retourne à Mr. de G. M.; il a tout ce qu'il faut pour être aimé des belles, il a des hôtels meublez & des équipages à donner; pour moi qui n'ai que de l'amour, & de la constance à offrir, les femmes méprisent ma misere, & font leur jouët de ma simplicité.

J'ajoutai mille choses ou tristes, ou violentes, suivant que les passions qui m'agitoient tour à tour cedoient ou emportoient le dessus; cependant à force de me tourmenter, mes transports diminuerent assez pour faire place à un peu de réflexion. Je comparai cette derniere infortune à quelques autres que j'avois déja essuyées dans le même genre & je ne trouvai pas qu'il y eût plus à désesperer que dans les premiers. Je connoissois Manon; pourquoi m'affliger tant

d'un

d'un malheur que j'avois dû prévoir? Pourquoi ne pas m'emplo-
yer plutôt à y chercher du remede? Il étoit encore tems. Je devois du moins n'y pas épargner
mes soins si je ne voulois pas avoir
à me réprocher d'avoir contribué
par ma négligence à mes propres
peines. Je me mis là-dessus à considerer tous les moïens qui pouvoient m'ouvrir un chemin à l'esperance.

Entreprendre de l'arrâcher avec
violence des mains de G. M.
c'étoit un parti défesperé qui n'é-
toit propre qu'à me perdre, & qui
n'avoit pas la moindre apparence
de succès; mais il me sembloit
que si j'eusse pû me procurer le
moindre entretien avec elle, j'aurois gagné infailliblement quelque
chose sur son cœur. J'en connoissois si bien tous les endroits
sensibles! J'étois si sûr d'être aimé d'elle! Cette bizarerie même
de m'avoir envoïé une jolie fille
pour me consoler, j'aurois juré
que cela venoit de son invention,
& que c'étoit un effet de son
amour,

amour, & de sa compassion pour mes peines. Je résolus d'emploïer toute mon industrie pour la voir. Parmi quantité de voïes que j'examinai l'une après l'autre, je m'artêtai à celle-ci. Mr. de T. avoit commencé à me rendre service avec trop d'affection, pour que je doutasse de sa sincerité & de son zéle. Je me proposai d'aller chez lui sur le champ, & de le prier de faire appeller G. M. sous le prétexte d'une affaire importante. Il ne me falloit qu'une demie heure pour parler à Manon. Mon dessein étoit de me faire introduire dans sa chambre même, & je crûs que cela me seroit aisé dans l'absence de G. M. Cette résolution m'ayant rendu plus tranquille, je païai liberalement la jeune fille qui étoit encore avec moi ; & pour lui ôter l'envie de retourner chez ceux qui me l'avoient envoïée, je pris son adresse en lui faisant esperer que j'irois passer la nuit avec elle. Je montai dans mon fiacre, & je me fis conduire à grand train chez Mr. de T. . Je

sus

fus affez heureux pour l'y trouver. j'avois eu là-deſſus de l'inquietude en allant. Je le mis auſſi-
tôt au fait de mes peines & du ſervice que je venois lui demander.
Il fut ſi étonné d'apprendre que
G. M. avoit pû ſéduire Manon,
qu'ignorant que j'avois eu part
moi-même à ce malheur, il m'offrit généreuſement de ramaſſer
tous ſes amis pour emploïer leurs
bras & leurs épées à la délivrance
de ma maitreſſe. Je lui fis comprendre que cet éclat pouvoit être
pernicieux à Manon & à moi. Re-
ſervons notre ſang, lui dis-je,
pour l'extrêmité. Je médite une
voïe plus douce, & dont je n'eſ-
pere pas moins de ſuccès. Il s'engagea à faire tout ce que je lui de-
manderois, ſans exception; & lui
aïant repeté qu'il ne s'agiſſoit que
de faire avertir G. M. qu'il avoit
à lui parler, & de le tenir dehors
une heure ou deux, il partit auſſi-
tôt avec moi pour me ſatisfaire.
Nous cherchâmes en allant de
quel expedient il pourroit ſe ſervir pour l'arrêter ſi long-tems. Je
lui

lui conseillai de lui écrire d'abord un billet simple, datté d'un cabaret, par lequel il le prieroit de s'y rendre aussi-tôt pour une affaire si importante, qu'elle ne pouvoit souffrir de délai. J'observerai, ajoûtai-je, le moment de sa sortie, & je m'introduirai sans peine dans la maison, n'y étant connu que de Manon & de Marcel qui est mon Valet. Pour vous qui serez pendant ce tems-là avec G. M. vous pourrez lui dire que cette affaire importante pour laqu'elle vous souhaitez de lui parler, est un besoin d'argent ; que vous venez de perdre le votre au jeu, & que vous avez joué beaucoup plus sur votre parole avec le même malheur. Il lui faudra du tems pour vous mener à son coffre fort, & j'en aurai suffisamment pour executer mon dessein.

Mr. de T. . suivit cet arrangement de point en point. Je le laissai dans un cabaret où il écrivit promptement sa lettre. J'allai me placer à quelques pas de la maison de Manon. Je vis arriver

le porteur du meſſage, & G. M.
ſortit à pied un moment après
ſuivi d'un laquais. Lui aïant laiſſé
le tems de s'éloigner de la ruë,
je m'avançai à la porte de mon
infidelle, & maigré toute ma colere je frappai avec tout le reſpect
qu'on a pour un temple. Heureuſement ce fut Marcel qui vint
m'ouvrir. Je lui fis ſigne de ſe
taire. Quoique je n'euſſe rien à
craindre des autres domeſtiques,
je lui demandai tout bas s'il pouvoit me conduire dans la chambre
où étoit Manon, ſans que je fuſſe
apperçu. Il me dit que cela étoit
aiſé en montant doucement par
le grand eſcalier. Allons donc
promptement, lui dis-je, & tâche
d'empêcher pendant que j'y ſerai
qu'il n'y monte perſonne. Je pé-
nétrai ſans obſtacle juſqu'à l'appartement. Manon étoit occupée
à lire. Ce fût-là que j'eus lieu
d'admirer le caractére de cette
étrange fille. Loin d'être effraïée,
& de paroître timide en m'appercevant, elle ne donna que ces
marques legeres de ſurpriſe, dont
on

on n'eft pas le maitre à la vûë d'une perfonne qu'on croit éloignée ; ha ! c'eft vous , mon amour, me dit-elle , en venant m'embraffer avec fa tendreffe ordinaire ! bon Dieu ! que vous êtes hardi ! qui vous auroit attendu aujourd'hui dans ce lieu ? Je me dégageai de fes bras , & loin de répondre à fes careffes je la répouffai avec dédain , & je fis deux ou trois pas en arriere pour m'éloigner d'elle. Ce mouvement ne laiffa pas de la déconcerter. Elle demeura dans la fituation où elle étoit, & elle jetta les yeux fur moi en changeant de couleur. J'étois dans le fond fi charmé de la revoir qu'avec tant de juftes fujets de colere, j'avois à peine la force d'ouvrir la bouche pour la quéreller. Cependant mon cœur faignoit du cruel outrage qu'elle m'avoit fait , je le rapellois vivement en ma mémoire pour exciter mon dépit ; & je tâchois de faire briller dans mes yeux un autre feu que celui de l'amour. Comme je demeurai quelque tems en filence , & qu'elle

le remarqua mon agitation, je la
vis trembler, apparemment par un
effet de sa crainte.

Je ne pûs soutenir ce spectacle.
Ah! Manon, lui dis-je d'un ton
tendre, infidelle & parjure Manon, par où commencerai-je à
me plaindre? Je vous vois pâle &
tremblante, & je suis encore si
sensible à vos moindres peines,
que je crains de vous affliger trop
par mes reproches. Mais Manon
je vous le dis, j'ai le cœur percé
de la douleur de votre trahison.
Ce sont là des coups qu'on ne
porte point à un amant quand on
n'a pas résolu sa mort. Voici la
troisiéme fois, Manon, je les ai
bien comptées, il est impossible que
cela s'oublie. C'est à vous de considerer à l'heure même quel parti
vous voulez prendre; car mon
triste cœur n'est plus à l'épreuve
d'un si cruel traitement. Je sens
qu'il succombe, & qu'il est prêt
à se fendre de douleur. Je n'en
puis plus, ajoûtai-je en m'asseïant
sur une chaise, j'ai à peine la force de parler & de me soutenir. Elle

ne me répondit point ; mais lorsque je fus assis, elle se laissa tomber à genoux, & elle appuïa sa tête sur les miens, en cachant son visage de mes mains. Je sentis en un instant qu'elle les mouilloit de ses larmes. Dieux ! de quels mouvemens n'étois-je point agité ! Ah Manon, Manon, répris-je avec un soupir, il est bien tard de me donner des larmes, lorsque vous avez causé ma mort. Vous affectez une tristesse que vous ne sçauriez sentir. Le plus grand de vos maux est sans doute ma présence, qui a toujours été importune à vos plaisirs. Ouvrez les yeux, voyez qui je suis, on ne verse pas des pleurs si tendres pour un malheureux qu'on a trahi, & abandonné cruellement. Elle baisoit mes mains sans changer de posture. Inconstante Manon, répris-je encore ; fille ingrate, & sans foi, où sont vos promesses, & vos sermens ? Amante mille fois volage & cruelle, qu'as-tu fait de cet amour que tu me jurois encore aujourd'hui ? Juste Ciel !
ajoutai-

ajoutai-je, est-ce ainsi qu'une infidelle se rit de vous, après vous avoir attesté si saintement ? c'est donc le parjure qui est recompensé ! Le désespoir, & l'abandon sont pour la constance & la fidelité.

Ces paroles furent accompagnées d'une réflexion si amere, que j'en laissai échapper malgré moi quelques larmes. Manon s'en apperçut au changement de ma voix. Elle rompit enfin le silence. Il faut bien que je sois coupable, me dit-elle tristement, puisque j'ai pû vous causer tant de douleur & d'émotion ; mais que le Ciel me punisse si j'ai crû l'être, ou si j'ai eû la pensée de le devenir. Ce discours me parût si dépourvû de sens, & de bonne foi que je ne pûs me defendre d'un vir mouvement de colere. Horrible dissimulation ! m'écriai-je ; je vois mieux que jamais que tu es une coquine, & une perfide. C'est à présent que je connois ton miserable caractére. Adieu lâche créature, continuai-je en me levant ; j'aime

mieux

mieux mourir mille fois que d'avoir le moindre commerce déformais avec toi. Que le Ciel me puniſſe moi-même ſi je t'honore jamais du moindre régard. Demeure avec ton nouvel Amant, aime le, déteſte moi, rénonce à l'honneur, au bon ſens, je m'en ris, tout m'eſt égal. Elle fut ſi épouvantée de ce tranſport, que demeurant à genoux auprès de la chaiſe d'où je m'étois levé, elle me régardoit en tremblant, & ſans oſer reſpirer. Je fis encore quelques pas vers la porte en tournant la tête, & tenant les yeux fixez ſur elle. Mais il auroit fallu que j'euſſe perdu tous ſentimens d'humanité pour m'enjurcir contre tant de charmes. J'étois ſi éloigné d'avoir cette force barbare, que paſſant au contraire tout d'un coup à l'extrêmité oppoſée, je retournai vers elle, ou plutôt je m'y précipitai ſans réflexion. Je la pris entre mes bras. Je lui donnai mille tendres baiſers. Je lui demandai pardon de mon emportement. Je confeſſai que j'étois un bru-

brutal, & que je ne méritois pas
le bonheur d'être aimé d'une fille
comme elle. Je la fis asseoir, &
m'étant mis à genoux à mon tour,
je la conjurai de m'écouter en cet
état. Là tout ce qu'un Amant soumis & paffionné peut imaginer de
plus respectueux, & de plus tendre, je le renfermai en peu de mots
dans mes excuses. Je lui demandai en grace de prononcer qu'elle
me pardonnoit. Elle laiffa tomber
fes bras fur mon cou en difant,
que c'étoit elle-même qui avoit
befoin de ma bonté pour me faire
oublier les chagrins qu'elle me
caufoit, & qu'elle commençoit à
craindre avec raifon que je ne goû-
taffe point ce qu'elle avoit à me
dire pour fe juftifier; moi? inter-
rompis-je auffi-tôt, ah! je ne
vous demande point de juftifica-
tion, j'approuve tout ce que vous
avez fait; Ce n'eft point à moi à
exiger des raifons de votre conduite Trop content, trop heureux, fi ma chere Manon ne m'ôte
point la tendreffe de fon cœur;
mais continuai-je en réflechiffant
fur

sur l'état de mon sort. Toute-puissante Manon ! vous qui faites à votre gré mes joyes, & mes douleurs, après vous avoir satisfait par mes humiliations, & par les marques de mon répentir, me me sera-t-il point permis de vous parler de ma tristesse & de mes peines ? Apprendrai-je de vous ce qu'il faut que je devienne aujourd'hui, & si c'est sans retour que vous allez signer ma mort en passant la nuit avec mon Rival.

Elle fut quelque tems à penser à sa réponse. Mon Chevalier, me dit-elle, en reprenant un air tranquille ; si vous vous étiez d'abord expliqué si nettement, vous vous seriez épargné bien du trouble, & à moi une scene bien affligeante. Puisque votre peine ne vient que de votre jalousie, je l'aurois guérie en m'offrant à vous suivre sur le champ au bout du monde. Mais je me suis figurée que c'étoit la lettre que je vous ai écrite sous les yeux de Mr. de G. M. & la fille qu'il vous a envoïée qui causoit votre chagrin.

J'ai

J'ai crû que vous auriez pû
regarder ma lettre comme une
raillerie, & cette fille, en vous
imaginant qu'elle étoit allée vous
trouver de ma part, comme une
déclaration que je renonçois à
tout pour m'attacher à G. M.
C'eſt cette penſée qui m'a jettée
dont d'un coup dans la conſternation ; car quelque innocente que
je fuſſe, je trouvois en y penſant
que les apparences ne m'étoient pas
favorables. Cependant, continua-
t-elle, je veux que vous ſoïez mon
juge, après que je vous aurai expliqué la vérité du fait. Elle m'apprit alors tout ce qui lui étoit arrivé depuis qu'elle avoit trouvé
G. M. qui l'attendoit dans le lieu
où nous étions. Il l'avoit reçûë
effectivement, comme la premiére
Princeſſe du monde. Il lui avoit
montré tous les appartemens, qui
étoient d'un goût & d'une propreté admirable. Il lui avoit
compté dix-mille livres dans
ſon cabinet, & il y avoit ajouté
quelques bijoux, parmi leſquels é-
toient le collier, & les bracelets
de

de perles qu'elle avoit déja eus de
fon pere ; il l'avoit menée de là
dans un fallon qu'elle n'avoit pas
encore vû , où elle avoit trouvé
une collation exquife. Il l'avoit
fait fervir par les nouveaux domeftiques qu'il avoit pris pour elle ,
en leur ordonnant de la regarder
deformais comme leur maitreffe ,
enfin il lui avoit fait voir le carroffe,
les chevaux , & tout le refte de fes
préfens , après quoi il lui avoit propofé une partie de jeu pour attendre le fouper. Je vous avoue
continua-t-elle , que j'ai été frap-
pée de cette magnificence. J'ai fait
réflexion que ce feroit dommage
de nous priver tout d'un coup de
tant de biens , en me contentant
d'emporter les dix-mille francs &
les bijoux ; que c'étoit une fortune
toute faite pour vous , & pour moi,
& que nous pourrions vivre agréablement aux dépens de G. M.
Au lieu de lui propofer la Comedie , je me fuis mis dans la tête
de le fonder fur votre fujet , pour
preffentir quelles facilitez nous aurions à nous voir, en fuppofant
l'exe-

l'execution de mon syftême. Je l'ai trouvé d'un caractére fort traitable. Il m'a demandé ce que je penfois de vous, & fi je n'avois pas eu quelque regret à vous quitter. Je lui ai dit que vous étiez fi aimable, & que vous en aviez toujours ufé fi honnêtement avec moi, qu'il n'étoit pas naturel que je puffe vous haïr. Il a confeffé que vous aviez du mérite, & qu'il s'étoit fenti porté à defirer votre amitié. Il a voulu fçavoir de quelle maniere je croïois que vous prendriez mon départ, furtout lorfque vous viendriez à fçavoir que j'étois entre fes mains. Je lui ai répondu que la datte de notre amour étoit deja fi ancienne, qu'il avoit eû le tems de fe refroidir un peu ; que vous n'étiez pas d'ailleurs fort à votre aife, & que vous ne regarderiez peut-être pas ma perte comme un grand malheur, parce qu'elle vous déchargeroit d'un fardeau qui vous pefoit fur les bras. J'ai ajouté que j'étois fi convaincuë que vous agiriez pacifiquement, que je n'avois pas
fait

fait difficulté de vous dire que je venois à Paris pour quelques affaires; que vous y aviez consenti, & qu'y étant venu vous-même, vous n'aviez pas paru extrêmement inquiet, lorsque je vous avois quitté. Si je croiois, m'a-t-il dit, qu'il fût d'humeur à bien vivre avec moi, je serois le premier à lui offrir mes services & mes civilitez. Je l'ai assuré que du caractére dont je vous connoissois, je ne doutois point que vous n'y répondissiez honnêtement; sur tout lui ai-je dit, s'il pouvoit vous servir dans vos affaires qui étoient fort dérangées depuis que vous étiez mal avec votre famille. Il m'a interrompûe pour me protester qu'il vous rendroit tous les services qui dépendroient de lui; & que si vous vouliez même vous embarquer dans un autre amour, il vous procureroit une jolie maitresse qu'il avoit quittée pour s'attacher à moi. J'ai applaudi à son idée, ajouta-t-elle, pour prévenir plus parfaitement tous ses souçons; & me confirmant de plus en plus dans

mon projet, je ne souhaitois que
de pouvoir trouver le moïen de
vous en informer, de peur que vous
ne fuſſiez trop allarmé lorſque
vous me verriez manquer à notre
aſſignation. C'eſt dans cette vûë
que je lui ai propoſé de vous
envoïer cette nouvelle maitreſſe
dès le ſoir-même, afin d'avoir une
occaſion de vous écrire ; j'étois
obligée d'avoir recours à cette
adreſſe, parce que je ne pouvois pas
eſperer qu'il me laiſſât libre un
moment. Il a ri de ma propoſition. Il a appellé ſon laquais, &
lui ayant demandé s'il pourroit retrouver ſur le champ ſon ancienne maitreſſe, il l'a envoïé de côté
& d'autre pour la chercher. Il
s'imaginoit que c'étoit à Chaillot
qu'il falloit qu'elle allât vous trouver ; mais je lui ai appris qu'en
vous quittant, je vous avois promis de vous rejoindre à la Comedie ; ou que ſi quelque raiſon m'empêchoit d'y aller, vous vous étiez
engagé de m'attendre dans un caroſſe au bout de la rüe St. André ;
qu'il valoit mieux par conſéquent

vous

vous envoïer là votre nouvelle amante, ne fût-ce que pour vous empêcher de vous y morfondre pendant toute la nuit. Je lui ai dit encore qu'il étoit à propos de vous écrire un mot pour vous avertir de cet échange que vous auriez peine à comprendre sans cela. Il y a consenti, mais j'ai été obligée d'écrire en sa présence & je me suis bien gardée de m'expliquer trop ouvertement dans ma lettre. Voilà, ajouta Manon, de quelle maniere les choses se sont passées. Je ne vous déguise rien ni de ma conduite ni de mes desseins. La jeune fille est venuë, je l'ai trouvée jolie, & comme je ne doutois point que mon absence ne vous causât de la peine, c'étoit sincerement que je souhaitois qu'elle pût servir à vous desennuïer quelques momens ; car la fidelité que je souhaite de vous est celle du cœur : J'aurois été ravie de pouvoir vous envoïer Marcel ; mais je n'ai pu me procurer un moment pour l'instruire de ce que j'avois à vous faire sçavoir. Elle

con-

conclud enfin fon recit en m'apprenant l'embaras où G. M. s'é-
toit trouvé en recevant le billet de
Mr. de T. . . . Il a balancé, me
dit-elle, s'il devoit me quitter, &
il m'a affuré que fon retour ne tar-
deroit point. C'eft ce qui fait que
je ne vous vois point ici fans inquiétude, & que j'ai marqué de
la furprife à votre arrivée.

J'écoutai ce difcours avec beaucoup de patience, j'y trouvois
affurement quantité de traits cruels
& mortifians pour moi ; car le
deffein de fon infidelité étoit fi clair
qu'elle n'avoit pas même eû le
foin de me le déguifer. Elle ne
pouvoit efperer que G. M. la laif-
fât toute la nuit comme une ve-
ftale. C'étoit donc avec lui qu'elle comptoit de la paffer. Quel aveu
à faire à un amant ! cependant je
confiderai que j'étois caufe en partie de fa faute par la connoiffance
que je lui avois donnée d'abord
des fentimens que G. M. avoit
pour elle, & par la complaifance
que j'avois eu d'entrer aveuglément dans le plan téméraire de
fon

son avanture. D'ailleurs par un tour naturel de genie qui m'eſt tout particulier, je fus touché de l'ingenuité de ſon recit, & de cette maniere bonne & ouverte avec laquelle elle me racontoit juſqu'aux circonſtances mêmes dont j'étois le plus offencé. Elle péche ſans malice, diſois-je en moi-même; Elle eſt legere, & imprudente; mais elle eſt droite, & ſincere. Ajoutez que l'amour ſuffiſoit ſeul pour me fermer les yeux ſur toutes ſes fautes. J'étois trop ſatisfait de l'eſperance de l'enlever le ſoir même à mon Rival. Je lui dis néanmoins; Et la nuit, avec qui l'auriez-vous paſſée ! Cette queſtion que je lui fis-triſtement l'embaraſſa. Elle ne me répondit que par des mais, & des ſi interrompus. J'eus pitié de ſa peine, & rompant ce diſcours, je lui déclarai naturellement que j'attendois d'elle qu'elle me ſuivît à l'heure même. Je le veux bien, me dit-elle, mais vous n'approuvez donc pas mon projet? ah ! n'eſt-ce pas aſſez, repartis-je, que j'ap-

L 3

prou-

prouve tout ce que vous avez fait jufqu'à préfent? quoi, nous n'emporterons pas même les dix-mille francs, repliqua-t-elle? il me les a donnez. Ils font à moi. Je lui confeillai d'abandonner tout, & de ne penfer qu'à nous éloigner promptement; car quoiqu'il y eût à peine une demie heure que j'étois avec elle. Je craignois le rétour de G. M. Cependant elle me fit de fi preffantes inftances pour me faire confentir à ne pas fortir les mains vuides, que je crus lui devoir accorder quelque chofe après avoir tant obtenu d'elle.

Dans le tems que nous nous préparions au départ, j'entendis frapper à la porte de la ruë. Je ne doutai nullement que ce ne fût G. M. & dans le trouble où cette penfée me jetta, je dis à Manon que c'étoit un homme mort s'il paroiffoit. Effectivement je n'étois pas affez revenu de mes transports pour me modérer à fa vuë. Marcel finit ma peine, en m'apportant un billet qu'il avoit reçû pour moi à la porte. Il étoit de Mr.

de T . . . Il me marquoit que
G. M. étant allé lui querir de
l'argent à fa maison, il profitoit
de fon abfence, pour me communiquer une penfée fort plaifante;
qu'il lui fembloit que je ne pouvois me vanger plus agréablement
de mon Rival qu'en mangeant fon
fouper & en couchant cette nuit
même dans le lit qu'il efperoit
d'occuper avec ma maitreffe; que
cela lui paroiffoit affez facile fi je
pouvois m'affurer de trois ou quatre hommes qui euffent affez de
réfolution pour l'arrêter dans la
ruë, & de fidelité pour le garder
à vûë jufqu'au lendemain; que
pour lui il me promettoit de l'a-
mufer encore une heure pour le
moins par des raifons qu'il tenoit
prêtes pour fon rétour. Je montrai
ce billet à Manon, & je lui appris de quelle rufe je m'étois fervi
pour m'introduire librement chez
elle, mon invention, & celle de
Mr. de T. lui parurent admirables,
nous en rimes à notre aife pendant
quelques momens, mais je fus
furpris que lorfque je lui parlai

de

de la derniere comme d'un badi-
nage, elle infifta à me la propofer
ferieufement comme une chofe
qu'il falloit executer. Je lui demandai en vain où elle vouloit
que je trouvaffe tout d'un coup
des gens propres à arrêter G. M.
& à le garder fidellement ; elle
me dit qu'il falloit du moins tenter, puisque Mr. de T . . . nous
garantiffoit encore une heure ; &
pour réponfe à mes autres objec-
tions elle me dit que je faifois le
tyran, & que je n'avois pas de
complaifance pour elle. Elle ne
trouvoit rien de fi joli que ce projet.
Vous aurez fon couvert à fouper,
me repetoit-elle, vous coucherez
dans fes draps, & demain de grand
matin vous enleverez fa maitreffe
& fon argent. Vous ferez bien
vangé du pére & du fils. Je cedai
à fes inftances, malgré les mouvemens fecrets de mon cœur qui
fembloient me préfager une cata-
ftrophe malheureufe. Je fortis dans
le deffein de prier deux ou trois
Gardes du Corps, avec lefquels
Lefcaut m'avoit mis en liaifon,

de

de se charger du soin d'arrêter G.
M. Je n'en trouvai qu'un au logis, mais c'étoit un homme en-
treprenant qui n'eût pas plutôt sçu
de quoi il étoit question qu'il m'assura du succès, Il me demanda
seulement dix pistoles pour recompenser trois soldats aux Gardes
qu'il prit la résolution d'emploïer
en se mettant à leur tête. Je le
priai de ne pas perdre de tems. Il
les assembla en moins d'un quart
d'heure, je l'attendois à la maison,
& lorsqu'il fut de retour avec ses
associez, je le conduisis moi-même
au coin d'une rüe par où G. M.
devoit nécessairement rentrer dans
celle de Manon. Je lui recommandai de ne le pas maltraiter;
mais de le garder si étroitement
jusqu'à sept heures du matin, que
je pusse être assuré qu'il ne lui
échaperoit pas. Il me dit que son
dessein étoit de le conduire à sa
chambre, & de l'obliger à se des-
habiller, & à se coucher dans son
lit; tandis qu'il passeroit la nuit
à boire & à jouer avec ses trois braves. Je demeurai avec eux jus-

L 5

qu'au

qu'au moment que je vis paroître G. M. & je me retirai alors quelques pas au-deſſous, dans un endroit obſcur, voulant être témoin d'une ſcene ſi extraordinaire. Le Garde du Corps l'aborda le piſtolet au poing, & lui expliqua civilement qu'il n'en vouloit ni à ſa vie, ni à ſon argent, mais que s'il faiſoit la moindre difficulté de le ſuivre, ou s'il jettoit le moindre cri, il alloit lui brûler la cervelle. G. M. le voïant ſoutenu par trois ſoldats, & craignant ſans doute la bourre du piſtolet, ne fit pas de réſiſtance. Je le vis emmener comme un mouton. Je retournai auſſi-tôt chez Manon & pour ôter tout ſoubçon aux domeſtiques, je lui dis en entrant qu'il ne falloit pas attendre Mr. de G. M. pour ſouper, qu'il lui étoit ſurvenu des affaires qui le retenoient malgré lui, & qu'il m'avoit prié de venir lui en faire ſes excuſes, & ſouper avec elle ; ce que je régardois comme une grande faveur auprès d'une ſi belle Dame. Elle ſeconda adroitement

mon

mon deſſein. Nous nous mîmes à table, nous y primes un air grave tant que les laquais démeurerent à nous ſervir; les aïant enfin congediez, nous paſſames une des plus charmantes ſoirées de notre vie. J'ordonnai en ſecret à Marcel de chercher un fiacre, & de l'avertir de ſe trouver le lendemain à la porte avant ſix heures du matin. Je feignis de quitter Manon vers minuit, mais étant rentré doucement par le ſecours de Marcel, je me préparai à occuper le lit de G. M. comme j'avois rempli ſa place à table. Notre mauvais genie travailloit pendant ce tems-là à nous perdre. Nous étions dans l'yvreſſe du plaiſir, & le glaive étoit ſuſpendu ſur nos têtes. Le fil qui le ſoutenoit alloit ſe rompre. Mais pour faire mieux entendre toutes les circonſtances de notre ruine, il faut en éclaircir la cauſe

G. M. étoit ſuivi d'un laquais, lorsqu'il avoit été arrêté par le Garde du Corps. Ce garçon effraïé de l'avanture de ſon maitre, re-

L 6 tourna

tourna en fuïant fur fes pas , & la première démarche qu'il fit pour le fecourir fut d'aller avertir le vieux G. M. de ce qui venoit d'arriver. Une fi fâcheufe nouvelle ne pouvoit manquer de l'allarmer beaucoup. Il n'avoit que ce fils, & il étoit d'une extrême vivacité pour fon âge. Il voulut fçavoir d'abord du laquais tout ce que fon fils avoit fait l'après-midi ; s'il s'étoit querellé avec quelqu'un, s'il avoit pris part au demêlé d'un autre, s'il s'étoit trouvé dans quelque maifon fufpecte ? Celui-ci qui croïoit fon maitre dans le dernier danger, & qui s'imaginoit ne devoir plus rien ménager pour aider à fon falut, découvrit tout ce qu'il fçavoit de fon amour pour Manon, & de la dépenfe qu'il avoit faite pour elle, la maniére dont il avoit paflé l'après-midi dans fa maifon jufqu'aux environs de neuf heures , fa fortie, & le malheur de fon retour. C'en fut affez pour faire foubçonner au vieillard que l'affaire de fon fils étoit une querelle d'amour. Quoiqu'il fût au

moins

moins dix heures & demie du soir,
il ne balança point à se rendre
aussi-tôt chez Mr. le Lieutenant
de Police. Il le pria de faire donner des ordres particuliers à toutes
les Escoüades du Guet, & lui en
ayant demandé une pour le faire
accompagner, il courût lui-même
vers la ruë où son fils avoit été
arrêté; il visita tous les endroits de
la ville où il esperoit de le pouvoir
trouver, & n'aïant pû découvrir
ses traces, il se fit conduire enfin
à la maison de sa maitresse, où il
se figura qu'il pouvoit être retourné. J'allois me mettre au lit, lorsqu'il arriva; la porte de la chambre étant fermée, je n'entendis
point frapper à celle de la ruë.
Mais étant entré, suivi de deux
Archers, & s'étant informé inutilement de ce qu'étoit devenu son
fils, il lui prit envie de voir sa
maitresse pour tirer d'elle quelque
lumiere. Il monte à l'appartement,
toujours accompagné de ses Archers; nous étions prêts à nous
mettre au lit, il ouvre la porte,
& il nous glace le sang par sa

L 7

vûë

vûë. O Dieu! c'eſt le vieux G.
M. dis-je à Manon. Je ſaute ſur
mon épée. Elle étoit malheureuſement entortillée de mon ceintu-
ron. Les Archers qui virent mon
mouvement, s'approcherent aſſez-
tôt pour me la ſaiſir. Un homme
en chemiſe eſt ſans réſiſtance. Ils
m'ôterent tous les moyens de me
défendre. G. M. quoique troublé
par ce ſpectacle ne tarda point à
me reconnoître. Il remit encore
plus aiſément Manon. Eſt-ce une
illuſion, nous dit-il gravement!
ne vois-je point le Chevalier Des
Grieux & Manon Leſcaut? J'étois
ſi enragé de honte & de douleur
que je ne lui fis pas de réponſe. Il
parût rouler pendant quelque tems
diverſes penſées dans ſa tête; &
comme ſi elles euſſent allumé
tout d'un coup ſa colere, il s'é-
cria en s'adreſſant à moi; ah!
malheureux je ſuis ſûr que tu as tué
mon fils. Cette injure me piqua
vivement. Vieux ſcelerat, lui répondis-je avec fierté, ſi j'avois
eu à tuër quelqu'un de ta famille,
c'eſt par toi que j'aurois commencé.

mencé. Tenez-le bien, dit-il aux Archers, il faut qu'il me dife des nouvelles de mon fils ; je le ferai pendre demain s'il ne m'apprend tout à l'heure ce qu'il en a fait. Tu me feras pendre ? répris-je ; infame ; ce font tes pareils qu'il faut chercher au gibet ; apprens que je fuis d'un fang plus noble & plus pur que le tien. Ouï, ajoutai-je, je fçais ce qui eft arrivé à ton fils, & fi tu m'irrites davantage, je le ferai étrangler avant qu'il foit demain, & je te promets le même fort après lui. Je commis une imprudence, en lui confeffant que je fçavois où étoit fon fils ; mais l'excès de ma colere me fit faire cette indifcretion. Il appella auffi-tôt cinq ou fix autres Archers qui l'attendoient à la porte, & il leur ordonna de s'affurer de tous les domeftiques de la maifon. Ha ! Monfieur le Chevalier, reprit-il, d'un ton railleur, vous fçavez où eft mon fils, & vous le ferez étrangler, dites-vous ? Comptez que nous y mettrons bon ordre. Je fentis auffi-tôt la faute

que

que j'avois commis. Il s'approcha de Manon, qui étoit assise sur le lit en pleurant ; il lui dit quelques galanteries ironiques sur l'empire qu'elle avoit sur le pére, & sur le fils, & sur le bon usage qu'elle en faisoit. Ce vieux Monstre d'incontinence voulut prendre quelques familiaritez avec elle. Garde toi de la toucher, m'écriai-je, il n'y auroit rien de sacré qui te pût sauver de mes mains. Il sortit en laissant trois Archers dans la chambre, ausquels il ordonna de nous faire prendre promptement nos habits.

Je ne sçais quels étoient alors ses desseins sur nous. Peut-être eussions-nous obtenu la liberté en lui apprenant où étoit son fils. Je méditois en m'habillant, si ce n'étoit pas le meilleur parti que je pusse prendre ; mais s'il étoit dans cette disposition en quittant notre chambre, elle étoit bien changée lorsqu'il y revint. Il étoit allé interroger les domestiques de Manon que les Archers avoient arrêtez. Il ne pût rien apprendre de ceux qu'elle avoit reçus de son fils ; mais lorsqu'il sçut

que

que Marcel nous avoit servis auparavant, il résolut de le faire
parler en l'intimidant par des menaces. C'étoit un garçon fidelle,
mais simple, & grossier. Le souvenir de ce qu'il avoit fait à l'Hôpital pour délivrer Manon, joint
à la terreur que G. M. lui inspiroit, fit tant d'impression sur son
esprit foible, qu'il s'imagina qu'on
alloit le conduire à la potence ou
sur la roüe. Il promit de découvrir tout ce qui étoit venu à sa
connoissance, si l'on vouloit lui
sauver la vie. G. M. se persuada
là-dessus qu'il y avoit quelque
chose dans nos affaires de plus sérieux & de plus criminel qu'il n'a-
voit eu lieu jusque-là de se le
figurer. Il offrit à Marcel non seulement la vie, mais des recompenses pour sa confession. Le
malheureux lui apprit une partie de
notre dessein, sur lequel nous n'a-
vions pas fait difficulté de nous
entretenir devant lui ; parce qu'il
devoit y entrer pour quelque chose. Il est vrai qu'il ignoroit entierement les changemens que nous

y

y avions fait à Paris ; mais il avoit
été informé en partant de Chaillot du plan de l'entreprise & du
rôlle qu'il y devoit jouër. Il lui
déclara donc que notre vûë étoit
de dupper son fils, & que Manon
devoit recevoir ou avoit déja reçu
dix-mille francs, qui selon notre
projet ne retourneroient jamais
aux héritiers de la maison de G.
M.

Après cette découverte, le Vieillard emporté remonta brusquement dans notre chambre. Il passa
sans parler dans le cabinet, où il
n'eût pas de peine à trouver la somme, & les bijoux. Il revint à nous
avec un visage enflammé, & nous
montrant ce qu'il lui plût de nom-
mer notre larcin, il nous accabla
de réproches outrageans. Il fit
voir de près à Manon le collier
de perles & les bracelets ; les ré-
connoissez-vous ? lui dit-il, avec
un souris môqueur ; ce n'étoit pas
la premiére fois que vous les eussiez
vûs. Ces sont les mêmes sur ma foi.
Ils étoient de votre goût ma belle,
je me le persuade aisément. Les
pau-

pauvres enfans ! ajoûta-t-il, ils font
bien aimables en effet l'un, & l'autre ; mais ils font un peu fripons.
Mon cœur crêvoit de rage à ce
difcours infultant. J'aurois donné
pour être libre un moment . . . . .
Jufte ciel ! que n'aurois-je pas
donné ! Enfin je me fis violence
pour lui dire avec une modération
qui n'étoit qu'un rafinement de fureur ; finiffons Mr. ces infolentes
railleries ; de quoi eft-il queftion ?
voïons, que prétendez-vous faire
de nous? Il eft queftion Mr. le Chevalier, me répondit-il, d'aller de
ce pas au Chatelet. Il fera jour
demain, nous verrons plus clair
dans nos affaires, & j'efpere que
vous me ferez la grace à la fin de
m'apprendre où eft mon fils. Je
compris fans beaucoup de réflexions que c'étoit une chofe d'une
terrible conféquence pour nous
que d'être une fois renfermez au
Chatelet. J'en prévis en tremblant
tous les dangers. Malgré toute ma
fierté, je reconnus qu'il falloit
plier tous le poids de ma fortune,
& flater mon plus cruel ennemi

pour

pour en obtenir quelque chofe par la foumiffion. Je le priai d'un ton honnête de m'écouter un moment. Je me rends juftice, Mr. lui dis-je, je confeffe que la jeuneffe m'a fait commettre de grandes fautes, & que vous en étes affez bleffé pour vous plaindre; mais fi vous connoiffez la force de l'amour; fi vous pouvez juger de ce que fouf-fre un malheureux jeune homme à qui l'on enleve tout ce qu'il aime, vous me trouverez peut-être par-donnable d'avoir cherché le plaifir d'une petite vangeance ou du moins vous me croirez affez puni par l'affront que je viens de recevoir. Il n'eft befoin ni de prifon, ni de fupplice pour me forcer à vous découvrir où eft Mr. votre fils. Il eft en fûreté ; mon deffein n'a pas été de luï nuire, ni de vous offencer ; je fuis prêt à vous nom-mer le lieu où il paffe tranquille-ment la nuit fi vous me faites la grace de nous accorder la liberté. Ce vieux Tigre loin d'être touché de ma priere, me tourna le dos en riant. Il lâcha feulement quelques

mots

mots pour me faire comprendre qu'il fçavoit notre deffein jufqu'à l'origine. Pour ce qui regardoit fon fils, il ajouta brutalement qu'il fe retrouveroit affez ; puis que je ne l'avois pas affaffiné. Conduifez les au petit Chatelet dit-il, aux Archers, & prenez garde que le Chevalier ne vous échappe. C'eft un rufé qui s'eft dejà fauvé de St. Lazare.

Il fortit, & me laiffa dans l'état que vous pouvez vous imaginer. O Ciel ! m'écriai-je, je recevrai avec foumiffion tous les coups qui viennent de ta main ; mais qu'un malheureux coquin ait le pouvoir de me traiter avec cette tyrannie ; c'eft ce qui me reduit au dernier défefpoir. Les Archers nous prierent de ne pas les faire attendre plus longtems. Ils avoient un carroffe tout prêt à la porte. Je tendis la main à Manon pour defcendre. Venez ma chere Reine, lui dis-je, venez vous foumettre à toute la rigueur de votre fort. Il plaira peut-être au Ciel, de nous rendre quelque jour plus

heu-

heureux. Nous partimes dans le
même carrosse. Elle se mit dans
mes bras ; je ne l'avois pas entendu ouvrir la bouche depuis le premier moment de l'arrivée de G.
M. mais se trouvant seule alo:s
avec moi, elle me dit mille ten-
dresses en se reprochant d'être la
cause de mon malheur. Je l'assurai que je ne me plaindrois jamais de mon sort, tant qu'elle
continueroit à m'aimer. Ce n'est
pas moi qui suis à plaindre, continuai-je, quelques mois de prison
ne m'effraïent nullement, & je
préfererai toujours le Chatelet à
St. Lazare ; mais c'est pour toi,
ma chere ame, que mon cœur s'in-
teresse : quel sort pour une creature
aussi charmante que toi ! Ciel !
comment traitez-vous avec tant de
rigueur le plus parfait de vos ouvrages ! Pourquoi ne sommes-nous
pas nez l'un & l'autre avec des
qualitez conformes à notre misere.
Nous avons reçu de l'esprit, du
goût, des sentimens. Helas ! quel
triste usage en faisons-nous ? tandis
que tant d'ames basses, & dignes
de

de notre fort jouiffent de toutes
les faveurs de la fortune. Ces
réflexions me pénétroient de douleur ; mais ce n'étoit rien en com-
paraifon de celles que me caufoit
la penfée de l'avenir ; car je fe-
chois de crainte pour Manon.
Elle avoit deja été à l'Hôpital, &
quand elle en fût fortie par la bonne porte, je fçavois que les re-
chutes en ce genre étoient d'une
conféquence extrêmement dange-
reufe. J'aurois voulu lui exprimer
mes fraieurs. J'aprehendois de
lui en caufer trop, je tremblois
pour elle fans ofer l'avertir du danger, & je l'embraffois en foupirant
pour l'affurer du moins de mon
amour, qui étoit prefque le feul
fentiment que j'ofaffe exprimer.
Manon, lui dis-je, parlez fincere-
ment, m'aimerez-vous toujours ?
Elle me répondit qu'elle étoit bien
malheureufe que j'en puffe douter.
Hé bien, repris-je, je n'en doute
point, & je veux braver tous nos
ennemis avec cette affurance.
J'emploïrai ma famille pour fortir du Chatelet, & tout mon fang

ne

ne fera utile à rien fi je ne vous
en tire pas auffi-tôt que je ferai
libre. Nous arrivâmes à la prifon. On nous mit chacun dans un
lieu féparé. Ce coup me fut moins
rude, parce que je l'avois prévû.
Je recommandai Manon au Concierge, en lui apprenant que j'é-
tois un homme de quelque diftinc-
tion, & lui promettant une recom-
penfe confiderable. J'embraffai
ma pauvre maitreffe avant que de
la quitter. Je la conjurai de ne pas
s'affliger exceffivement, & de ne
rien craindre tant que je ferois au
monde. Je n'étois pas fans argent. Je lui en donnai une partie,
& je païai au Concierge fur ce qui
me reftoit un mois de groffe penfion par avance pour elle & pour
moi.

Mon argent eut un fort bon effet : On me mit dans une chambre proprement meublée, & l'on
m'affura que Manon en avoit une
pareille. Je m'occupai auffitôt des
moiens de hâter ma liberté. Il
étoit clair qu'il n'y avoit rien d'abfolument criminel dans mon affaire;

faire; & supposant même que le dessein de notre vol fût prouvé par la déposition de Marcel, je sçavois fort bien qu'on ne punit point les simples volontez. Je resolus d'écrire promptement à mon pére, & de le prier de venir en personne à Paris. J'avois bien moins de honte, comme j'ai déja dit, d'être au Châtelet qu'à St. Lazare. D'ailleurs quoique je conservasse tout le respect dû à l'autorité paternelle, l'âge & l'experience avoit diminué beaucoup ma timidité. J'écrivis donc, & l'on ne fit pas difficulté au Châtelet de laisser sortir ma lettre; mais c'étoit une peine que j'aurois pû m'épargner, si j'eusse sçu que mon pére devoit arriver le lendemain à Paris. Il avoit reçû celle que je lui avois écrite huit jours auparavant. Il en avoit ressenti une joye extrême; mais de quelque esperance que je l'eusse flatté au sujet de ma conversion, il n'avoit pas crû devoit s'arrêter tout à fait à mes promesses. Il avoit pris le parti de venir s'assurer de mon changement par ses yeux & de régler sa conduite sur la sincerité de mon repentir. Il arriva le lendemain de mon emprisonnement; sa premiére visite fut celle qu'il rendit à Tiberge, à qui je l'avois prié d'adresser sa réponse. Il ne put sçavoir de lui ni ma demeure, ni ma condition présente. Il en apprit seulement mes principales avantures, depuis que je m'étois échappé de St. Sulpice. Tiberge lui parla fort avantageusement des dispositions que je lui avois marquées pour le bien dans notre derniere entrevûe. Il ajouta qu'il me croïoit entiérement dégagé de Manon; mais qu'il étoit surpris néanmoins que je ne lui eusse pas donné de mes nouvelles depuis huit jours. Mon pére n'étoit pas duppe. Il comprit qu'il y avoit quelque chose qui échappoit à la pénétration de Tiberge dans le silence dont il se plaignoit, & il emploïa tant de soins pour découvrir mes traces, que deux jours après son arrivée, il apprit que j'étois au Châtelet. Avant

que

que de recevoir ſa viſite à laquelle j'étois fort éloigné de m'attendre
ſi-tôt , je reçus celle de Mr. le
Lieutenant de Police ; ou pour expliquer les choſes par leur nom ,
je ſubis l'interrogatoire. Il me fit
quelques reproches ; mais ils
n'étoient ni durs ni deſobligeans.
Il me dit avec douceur qu'il plaignoit ma mauvaiſe conduite ; que j'a-
vois manqué de ſageſſe en me faiſant un ennemi tel que Mr. de G.
M. ; qu'à la verité il étoit aiſé de
remarquer qu'il y avoit dans mon
affaire plus d'imprudence & de lege-
reté que de malice ; mais que c'é-
toit néanmoins le ſeconde fois que
je me trouvois ſujet à ſon tribu-
nal , & qu'il avoit eſperé que je
fuſſe devenu plus ſage après avoir
pris deux ou trois mois de leçons
à St. Lazare. Charmé d'avoir a-
faire à un juge raiſonnable , je
m'expliquai avec lui d'une maniére ſi reſpectueuſe , & ſi moderée
qu'il parût extrêmement ſatisfait
de mes réponſes. Il me dit que
je ne devois point me livrer trop
au chagrin, & qu'il ſe ſentoit diſpoſé

M 2

à

à me rendre ſervice en faveur de ma naiſſance , & de ma jeuneſſe. Je me hazardai à lui recommander Manon & à lui faire l'éloge de ſa douceur , & de ſon bon naturel. Il me répondit en riant qu'il ne l'avoit point encore vûë ; mais qu'on la repreſentoit comme une dangereuſe perſonne. Ce mot excita tellement ma tendreſſe , que je lui dis mille choſes paſſionnées pour la défenſe de ma pauvre maitreſſe; & je ne pus même m'empêcher de répandre quelques larmes. Il ordonna qu'on me reconduisît à ma chambre. Amour , amour , s'écria ce grave Magiſtrat en me voïant ſortir , ne te reconcilieras-tu jamais avec la ſageſſe?

J'étois à m'entretenir triſtement de mes idées & à réflechir ſur la converſation que j'avois euë avec Mr. le Lieutenant de Police , lorsque j'entendis ouvrir la porte de ma chambre ; c'étoit mon pére. Quoique je dûſſe être à demi préparé à cette vûë , puiſque je m'y attendois quelques jours plus tard , je ne laiſſai pas d'en être frappé ſi
vive-

vivement, que je me ferois préci-
pité au fond de la terre, fi elle s'é-
toit entr'ouverte à mes pieds. J'allai l'embraffer avec toutes les marques d'une extrême confufion. Il
s'affit fans que ni lui, ni moi eus-
fions encore ouvert la bouche.
Comme je demeurois debout les
yeux baiffez, & la tête découverte; Affeïez-vous, Monfieur, me
dit-il gravement, affeïez-vous.
Graces au fcandale de votre libertinage & de vos fripponneries, j'ai découvert le lieu de votre demeure.
C'eft l'avantage d'un mérite tel que
le votre de ne pouvoir demeurer
caché. Vous allez à la renommée
par un chemin infaillible. J'efpere
que le terme en fera bientôt la
Greve, & que vous aurez effectivement la gloire d'y être expofé
à l'admiration de tout le monde.
Je ne répondis rien. Il continua:
Qu'un pére eft malheureux, lorsqu'après avoir aimé tendrement
un fils, & n'avoir rien épargné
pour en faire un honnête homme,
il n'y trouve à la fin qu'un fripon
qui le deshonore! On fe confole
M 3

d'un

d'un malheur de fortune: le tems
l'efface , & le chagrin diminuë :
mais quel remede contre un mal
qui augmente tous les jours, tel
que les defordres d'un fils vicieux,
qui a perdu tous fentimens d'honneur ! tu ne dis rien malheureux,
ajoûta-t-il ; voïez cette modeftie
contrefaite , & cet air de douceur
hipocrite ; ne le prendroit-on pas
pour le plus honnête homme de fa
race ?

Quoique je fuffe obligé de réconnoître que je méritois une partie de ces outrages , il me parût
néanmoins que c'étoit les porter
à l'excès. Je crus qu'il m'étoit
permis d'expliquer naturellement
ma penfée. Je vous affure, Monfieur, lui dis-je , que la modeftie
où vous me voïez devant vous,
n'eft nullement affectée; c'eft la
fituation naturelle d'un fils bien
né qui refpecte infiniment fon pére, & furtout un pére irrité. Je
ne prétens pas non plus paffer pour
l'homme le plus réglé de notre
race ; je me connois digne de vos
réproches ; mais je vous conjure
d'y

d'y mettre un peu plus de bonté, & de ne pas me traiter comme le plus infame de tous les hommes. Je ne mérite pas des noms si durs. C'est l'amour, vous le sçavez, qui a causé toutes mes fautes. Fatale passion ! Helas ! n'en connoissez-vous pas la force, & se peut-il que votre sang qui est la source du mien, n'ait jamais ressenti les mêmes ardeurs ! L'amour m'a rendu trop tendre, trop passionné, trop fidele, & peut-être trop complaisant pour les désirs d'une maitresse toute charmante ; voilà mes crimes. En voïez-vous là quelqu'un qui vous deshonore. Allons, mon cher pére, ajoûtai-je tendrement ; un peu de pitié pour un fils qui a toujours été plein de respect, & d'affection pour vous, qui n'a pas renoncé comme vous pensez à l'honneur & au devoir, & qui est mille fois plus à plaindre que vous ne sçauriez vous l'imaginer. Je laissai tomber quelques larmes en finissant ces paroles.

Un cœur de pére est le chef-d'œud'œuvre de la nature ; elle y regne pour ainſi parler avec complaiſance , & elle en régle elle - même tous les reſſorts. Le mien qui étoit avec cela homme d'eſprit & de bon goût , fut ſi touché du tour que j'avois donné à mes excuſes qu'il ne fut pas le maitre de me cacher ce changement. Vien , mon pauvre Chevalier , me dit-il , vien m'embraſſer. Tu me fais pitié. Je l'embraſſai. Il me ſerra d'une maniere qui me fit juger de ce qui ſe paſſoit dans ſon cœur ; mais quel moïen prendrons-nous donc , réprit-il , pour te tirer d'ici ? explique-moi toutes tes affaires ſans déguiſement. Comme il n'y avoit rien après tout dans le gros de ma conduite qui pût me deshonorer abſolument , du moins en la meſurant ſur celle des jeunes gens d'un certain monde , & qu'une maitreſſe entretenuë ne p ſſe point pour une infamie dans le ſiécle où nous ſommes , non plus qu'un peu d'adreſſe à s'attirer la fortune du jeu , je fis ſincerement à mon pére le détail de la vie que j'avois menée.

A

A chaque faute dont je lui faisois l'aveu, j'avois soin de joindre des exemples célebres, pour en diminuër la honte. Je vis avec une maitresse, lui disois-je, sans être lié par les cérémonies du mariage; Monsieur le Duc de . . . en entretient deux aux yeux de tout Paris, Mr. de F. . . . en a une depuis dix ans qu'il aime avec une fidelité qu'il n'a jamais eûë pour sa femme. Les deux tiers des habitans de Paris se font un honneur d'en avoir. J'ai usé de quelque supercherie au jeu : Mr. le Marquis de . . . & le Comte de . . . n'ont point d'autres revenus, Mr. le Prince de . . . & Mr. le Duc de . . . font les chefs d'une bande de Chevaliers du même Ordre. Pour ce qui régardoit mes desseins sur la bourse des deux G. M. j'aurois pû prouver aussi facilement que je n'étois pas sans modéles ; mais il me restoit trop d'honneur pour ne pas me condamner moi-même avec tous ceux dont j'aurois pû me proposer l'exemple: desorte que je priai mon pére de

par-

pardonner cette foibleſſe aux deux
violentes paſſions qui m'avoient
agité, la vangeance & l'amour.
Il me demanda ſi je pouvois lui
donner quelques ouvertures ſur
les plus courts moïens d'obtenir
ma liberté, ſur tout d'une maniére
qui pût lui faire éviter l'éclat. Je
lui appris les ſentimens de bonté
que le Lieutenant de Police avoit
pour moi: ſi vous trouvez quelques difficultez, lui dis-je, elles
ne peuvent venir que de la part
des G. M.; ainſi je crois qu'il ſeroit à propos que vous priſſiez la
peine de les voir. Il me le promit.
Je n'oſai le prier de ſolliciter pour
Manon. Ce ne fut point un défaut
de hardieſſe, mais un effet de la
crainte où j'étois de le revolter
par cette propoſition, & de lui
faire naître quelque deſſein funeſte
à elle & à moi. Je ſuis encore à
ſçavoir ſi cette crainte n'a pas cauſé
mes plus grandes infortunes, en
m'empêchant de tenter les diſpo-
ſitions de mon pére, & de faire
des efforts pour lui en inſpirer de
favorables à ma malheureuſe maitreſſe

treſſe. J'aurois peut-être excité encore une fois ſa pitié. Je l'aurois mis en garde contre les impreſſions qu'il alloit recevoir trop facilement du vieux G. M. que ſçai-je ? ma mauvaiſe deſtinée l'auroit peut-être emporté ſur tous mes efforts ; mais je n'aurois eu qu'elle du moins, & la cruauté de mes ennemis à accuſer de mon malheur.

En me quittant mon pére alla faire une viſite à Mr. de G. M. Il le trouva avec ſon fils, à qui le Garde du Corps avoit honnêtement rendu la liberté. Je n'ai jamais ſçu les particularitez de leur converſation ; mais il ne m'a été que trop facile d'en juger par ſes mortels effets. Ils allerent enſemble, je dis les deux péres, chez Mr. le Lieutenant de Police, à qui ils démanderent deux graces : l'une de me faire ſortir ſur le champ du Châtelet ; l'autre d'enfermer Manon pour le reſte de ſes jours, ou de l'envoïer en Amerique. On commençoit dans ce tems ‑ là à embarquer quantité de

M 6

gens

gens fans aveu pour le Miffiffipi
Monfieur le Lieutenant de Police
leur donna la parole de faire partir
Manon par le premier vaiffeau.
Mr. de G. M. & mon pére vinrent
auffi-tôt m'apporter enfemble la
nouvelle de ma liberté. Mr. de G.
M. me fit un compliment civil fur
le paffé, & m'aïant félicité fur le
bonheur que j'avois d'avoir un tel
pére, il m'exhorta à profiter deformais de fes leçons, & de fes
exemples. Mon pére m'ordonna
de lui faire des excufes des injures
prétenduës que j'avois faites à fa
famille, & de le remercier de s'ê-
tre emploïé avec lui pour mon
élargiffement. Nous fortimes enfemble fans faire mention de ma
maitreffe. Je n'ofai même parler
d'elle aux Guichetiers en leur préfence. Helas! mes triftes recom-
mandations euffent été bien inutiles. L'ordre cruel étoit venu en
même tems que celui de ma délivrance. Cette fille infortunée fut
conduite une heure après à l'Hôpital pour y être affociée à quelques malheureufes, qui étoient con-
dam-

damnées à subir le même sort.
Mon pére m'ayant obligé de le
suivre à la maison où il avoit pris
sa demeure, il étoit presque six
heures du soir; lorsque je trouvai
le moment de me dérober de ses
yeux pour retourner au Châtelet.
Je n'avois dessein que de faire tenir quelques rafraichissemens à Manon, & de la recommander au
Concierge; car je ne me promet-
tois pas que la liberté de la voir
me fût accordée. Je n'avois point
encore eû le tems non plus de
réflechir aux moïens de la délivrer.

Je demandai à parler au Concierge. Il avoit été content de ma
liberalité, & de ma douceur; desorte qu'aïant quelques sentimens
de bienveillance pour moi, il me
parla du sort de Manon, comme
d'un malheur dont il avoit beaucoup de régret, parce qu'il pouvoit m'affliger. Je ne compris
point ce langage. Nous nous entretinmes quelques momens sans
nous entendre; à la fin s'apper-
vant que j'avois besoin d'une ex-

M 7

pli-

plication, il me la donna telle que j'ai déja eû horreur de vous la dire, & que j'ai encore de la répeter. Jamais apoplexie violente ne causa d'effet plus fubit & plus terrible. Je tombai avec une palpation de cœur fi douloureufe, qu'à l'inftant que je perdis la connoiffance, je me crus délivré de la vie pour toujours. Il me refta même quelque chofe de cette penfée, lorfque je revins à moi. Je tournai mes régards vers toutes les parties de la chambre, & fur moi-même, pour m'affurer fi je portois encore la malheureufe qualité d'homme vivant. Il eft certain qu'en ne fuivant que le mouvement naturel qui fait chercher à fe délivrer de fes peines, rien ne pouvoit me paroître plus doux que la mort dans ce moment de défefpoir, & de confternation. La religion même ne pouvoit me faire envifager rien de plus infupportable après la vie, que les convulfions cruelles dont j'étois tourmenté. Cependant par un miracle propre à l'amour, je retrouvai

bientôt

bientôt assez de force pour remercier le ciel de m'avoir rendu la connoissance & la raison. Ma mort n'eût été utile qu'à moi ; Manon avoit besoin de ma vie pour la délivrer , pour la secourir , pour la vanger ; je jurai de m'y emploïer sans ménagement. Le Concierge me donna toute l'assistance que j'eusse pû attendre du meilleur de mes amis. Je reçus ses services avec une vive reconnoissance. Helas ! lui dis-je , vous êtes donc touché de mes peines ! Tout le monde m'abandonne. Mon pére même est sans doute un de mes plus cruels persecuteurs , personne n'a pitié de moi. Vous seul , dans le séjour de la dureté , & de la barbarie , marquez de la compassion pour le plus miserable de tous les hommes. Il me conseilloit de ne point paroître dans la ruë sans être un peu remis du trouble où j'étois. Laissez , laissez , répondis-je en sortant , je vous reverrai plutôt que vous ne pensez. Préparez moi le plus noir de vos cachots , je vais travailler à le mériter. En

effet

effet mes prémieres réfolutions
n'alloient à rien moins qu'à me
défaire des deux G. M., & du
Lieutenant de Police, & à fondre
enfuite à main armée fur l'Hôpital
avec tous ceux que je pourrois engager à foutenir ma quérelle. Mon
pére lui-même eût été à peine ref-
pecté dans une vangeance qui me
paroiffoit fi jufte ; car le Concierge ne m'avoit pas caché que lui,
& G. M. étoient les auteurs de
ma perte ; mais lorfque j'eus fait
quelques pas dans les ruës, & que
l'air eût un peu rafraîchi mon
fang & mes humeurs, ma fureur
fit place peu à peu à des fentimens
plus raifonnables. La mort de nos
ennemis eût été d'une foible utilité
pour Manon, & elle m'eût expofé fans doute à me voir ôter tous
les moïens de la fecourir. D'ailleurs aurois-je eu recours à un
lâche affaffinat ! quelle autre voie
pouvois-je m'ouvrir à la vangeance ? Je récueillis toutes mes forces & tous mes efprits pour travailler d'abord à la délivrance de
Manon, remettant tout le refte

après

après le succès de cette importante entreprise. Il me restoit peu
d'argent. C'étoit néanmoins un
fondement nécessaire par lequel il
falloit commencer ; je ne voïois
que trois personnes de qui j'en
pusse attendre ; Mr. de T., mon
pére, & Tiberge, Il y avoit peu
d'apparence d'obtenir quelque chose des deux derniers , & j'avois
honte de fatiguer l'autre par mes
importunitez ; mais ce n'est point
dans le désespoir qu'on garde des
ménagemens. J'allai sur le champ
au Seminaire de St. Sulpice, sans
m'embarasser si j'y serois reconnu. Je fis appeller Tiberge. Ses
prémieres paroles me firent comprendre qu'il ignoroit encore mes
derniéres avantures. Cela me fit
changer le dessein que j'avois de
l'attendrir par la compassion. Je
lui parlai en général du plaisir que
j'avois eu de revoir mon pére, &
je le priai ensuite naturellement de
me prêter quelque argent , sous prétexte de païer avant mon départ
de Paris quelques dettes que je
souhaitois de tenir inconnuës. Il

me

me préfenta auffi-tôt fa bourfe. Je pris cinq-cens livres fur fix-cens que j'y trouvai. Je lui offris mon billet ; il étoit trop généreux pour l'accepter.

Je tournai de là chès Mr. de T. je n'eus point de referve avec lui. Je lui fis l'expofition de mes malheurs , & de mes peines. Il en fçavoit déja jufqu'aux moindres circonftances par le foin qu'il avoit eu de fuivre l'avanture du jeune G. M. Il m'écouta néanmoins, & il me plaignit beaucoup. Lorfque je lui demandai fes confeils fur les moïens de délivrer Manon ; il me répondit triftement , qu'il y voïoit fi peu de jour qu'à moins d'un fecours extraordinaire du ciel , il falloit renoncer à l'efperance ; qu'il avoit paffé exprès à l'Hôpital depuis qu'elle y étoit renfermée ; qu'il n'avoit pû obtenir lui-même la liberté de la voir ; que les ordres du Lieutenant de Police étoient de la derniére rigueur , & que pour comble d'infortune la malheureufe bande où elle devoit entrer , étoit deftinée

à

à partir le surlendemain du jour
où nous étions. J'étois si conster-
né de son discours, qu'il eût pû
parler une heure sans que j'eusse
songé à l'interrompre. Il continua
à me dire, qu'il ne m'étoit point
allé voir au Châtelet pour se donner
plus de facilité à me servir, lorsqu'on
le croiroit sans liaison avec moi ;
que depuis quelques heures que j'en
étois sorti, il avoit eu beaucoup
de chagrin d'ignorer où je m'étois
retiré, & qu'il avoit souhaité de
me voir promptement pour me
donner le seul conseil dont il sembloit que je pusse esperer du changement dans le sort de Manon ;
mais un conseil dangereux, & auquel il me prioit de cacher éternellement qu'il eût eu part, c'étoit de
choisir quelques braves qui eussent
le courage d'attaquer les Gardes
de Manon ; lorsqu'ils seroient sortis de Paris avec elle ; il n'attendit
point que je lui parlasse de mon
indigence. Voilà cent pistoles, me
dit-il, en me présentant une bourse, qui pourront vous être de
quel-

quelque ufage. Vous me les re-
mettrez lorfque la fortune aura re-
tabli vos affaires. Il ajouta que fi
le foin de fa réputation lui eût
permis d'entreprendre lui-même
la délivrance de ma maitreffe, il
m'eût offert fon bras , & fon
épée.

Cette exceffive générofité me
toucha jufqu'aux larmes. J'emploïai pour lui marquer ma recon-
noifance , toute la vivacité que
mon affection me laiffoit de refte.
Je lui demandai s'il n'y avoit rien à
efperer par la voïe des interceffions,
auprès du Lieutenant de Police. Il
me dit qu'il y avoit penfé ; mais
qu'il croïoit cette reffource très
foible , parce qu'une grace de cette
nature ne pouvoit fe demander fans
motif, & qu'il ne voïoit pas bien
duquel on pourroit fe fervir pour
fe faire un interceffeur d'une perfonne grave , & p iffante ; que fi
l'on pouvoit fe flater de quelque
chofe de ce coté-là ce ne pouvoit
être qu'en faifant changer de fentiment à Mr. de G. M. , & à
mon

mon pére, & en les engageant à prier eux-mêmes Mr. le Lieutenant de Police de revoquer fa fentence. Il s'offrit à faire tous fes efforts pour gagner le jeune G. M., quoiqu'il le crût un peu refroidi à fon égard par quelques foupçons qu'il avoit conçus de lui à l'occafion de notre affaire ; & il m'exhorta à ne rien omettre de mon côté pour fléchir l'efprit de mon pére.

Ce n'étoit pas une legere entreprife pour moi ; je ne dis pas feulement par la difficulté que je devois naturellement trouver à le vaincre ; mais par une autre raifon qui me faifoit même redouter fes approches ; je m'étois dérobé de fon logis contre fes ordres, & j'étois fort refolu de n'y pas retourner depuis que j'avois appris la trifte deftinée de Manon. J'apprehendois avec fujet qu'il ne m'y fît retenir, malgré moi, & qu'il ne me reconduisît de même en Province. Mon frere aîné avoit ufé autrefois de cette methode? Il eft vrai que j'étois devenu

plus

plus âgé ; mais l'âge étoit une foible raison contre la force. Cependant je trouvois une voïe qui me sauvoit du danger ; c'étoit de le faire appeller dans un endroit public , & de m'annoncer à lui fous un autre nom. Je pris auffitôt ce parti. Mr. de T . . . s'en alla chez G. M. , & moi au Luxembourg , d'où j'envoïai avertir mon pére qu'un Gentilhomme de fes ferviteurs étoit à l'attendre. Je craignois qu'il n'eût quelque peine à venir parce qu'il commençoit à faire nuit. Il parût néanmoins peu après , fuivi de fon laquais. Je le priai de prendre une allée où nous puffions être feuls. Nous fimes cent pas pour le moins fans parler. Il s'imaginoit bien fans doute que tant de préparations ne s'étoient pas faites fans un deffein d'importance. Il attendoit ma harangue , & je la méditois. Enfin j'ouvris la bouche : Monfieur , lui dis-je en tremblant , vous étes un bon pére. Vous m'avez comblé de graces , & vous m'avez pardonné un nombre infini de fautes.

Auffi

Auſſi le Ciel m'eſt-il temoin, que j'ai pour vous tous les ſentimens du fils le plus tendre, & le plus reſpectueux ; mais il me ſemble... que votre rigueur... Hé bien, ma rigueur, interrompit mon pére, qui trouvoit ſans doute que je parlois lentement pour ſon impatience : Ah! Monſieur, repris-je, il me ſemble que votre rigueur eſt extrême dans le traitement que vous avez fait à la malheureuſe Manon. Vous vous en étes rapporté à Mr. de G. M. Sa haine vous l'a repreſentée ſous les plus noires couleurs. Vous vous étes formé d'elle une affreuſe idée ; Cependant c'eſt la plus douce & la plus aimable creature qui fut jamais. Que n'a-t-il plû au Ciel de vous inſpirer l'envie de la voir un moment. Je ne ſuis pas plus ſûr qu'elle eſt charmante que je le ſuis qu'elle vous l'auroit paruë. Vous auriez pris parti pour elle. Vous auriez déteſté les noirs artifices de G. M. Vous auriez eû compaſſion d'elle, & de moi. Helas ! j'en ſuis ſûr. Votre cœur

n'eſt

n'eſt pas inſenſible, vous vous feriez laiſſé attendrir. Il m'interrompit encōre, voïant que je parlois avec une ardeur qui ne m'auroit pas permis de finir ſi-tôt. Il
vouloit ſçavoir à quoi j'avois deſſein d'en venir par un diſcours ſi
paſſionné. A vous demander
la vie, répondis-je, que je ne puis
conſerver un moment, ſi Manon
part une fois pour l'Amerique.
Non, non, me dit-il, d'un ton
ſevere, j'aime mieux te voir ſans
vie que ſans ſageſſe, & ſans honneur. N'allons donc pas plus
loin, m'écriai-je en l'arrêtant par
le bras; otez la moi cette vie
odieuſe & inſuportable; Car dans
le déſeſpoir où vous me jettez, la
mort ſera une faveur pour moi;
C'eſt un préſent digne de la main
d'un pére. Je ne te donnerois que
ce que tu mérites, repliqua-t-il.
Je connois bien des péres qui
n'auroient pas attendu ſi longtems
pour être eux-mêmes tes bourreaux;
mais c'eſt ma bonté exceſſive qui
t'a perdu. Je me jettai à ſes genoux:
Ah? s'il vous en reſte encore, lui
dis-

dis-je en les embraſſant, ne vous endurciſſez donc pas contre mes pleurs. Songez que je ſuis votre fils... Helas! ſouvenez-vous de ma mere. Vous l'aimiez ſi tendrement. Auriez-vous ſouffert qu'on l'eût arrachée de vos bras? Vous l'auriez défenduë juſqu'à la mort. Les autres n'ont-ils pas un cœur comme vous? Peut on être barbare quand on a une fois éprouvé ce que c'eſt que la tendreſſe, & la douleur? Ne me parle pas davantage de ta mere, reprit-il d'une voix irritée, ce ſouvenir échauffe mon indignation. Tes deſordres la feroient mourir de douleur, ſi elle eût aſſez vecû pour les voir. Finiſſons cet entretien, ajouta-t-il, il m'importune, & ne me fera point changer de reſolution. Je retourne au logis. Je t'ordonne de me ſuivre. Le ton ſec & dur avec lequel il m'intima cet ordre me fit trop comprendre que ſon cœur étoit inflexible. Je m'éloignai de quelques pas, dans la crainte qu'il ne lui prît envie de m'arrêter de ſes propres mains.

N'augmentez pas mon défespoir, lui dis-je, en me forçant à vous defobéir; Il eſt impoſſible que je vous fuive. il ne l'eſt pas moins que je vive après la dureté avec laquelle vous me traitez. Ainſi je vous dis un éternel adieu. Ma mort que vous apprendrez bien-tôt, ajoutai-je triſtement, vous fe-ra peut-être reprendre pour moi des fentimens de pére. Comme je me tournois pour le quitter; Tu refu-fes donc de me fuivre, s'écria-t-il avec une vive colére? Va, cours à ta perte. Adieu fils ingrat & re-belle. Adieu, lui dis-je dans mon tranſport, adieu pére barbare & dénaturé.

Je fortis auſſitôt du Luxem-bourg. Je marchai dans les rües comme un furieux, juſqu'à la maifon de Mr. de T... Je le-vois, en marchant, les yeux & les mains pour invoquer toutes les puiſſances celeftes. O Ciel! difois-je, ferez-vous auſſi impitoïa-ble que les hommes? je n'ai plus de fecours à attendre que de vous. Mr. de T... n'étoit point encore

re-

retourné chez lui ; mais il revint
après que je l'y eus attendu quelques momens. Sa négotiation
n'avoit pas réüssi mieux que
la mienne. Il me le dit d'un visage abbattu. Le jeune G. M.
quoique moins irrité que son pére
contre Manon & contre moi, n'a-
voit pas voulu entreprendre de le
solliciter en nôtre faveur. Il s'en
étoit deffendu par la crainte qu'il
avoit lui-même de ce Vieillard vin-
dicatif, qui s'étoit déja fort emporté contre lui, en lui reprochant
ses desseins de commerce avec Manon. Il ne me restoit donc que
la voïe de la violence, telle que
Mr. de T... m'en avoit tracé le
plan ; j'y reduisis toutes mes esperances. Elles sont bien incertai-
nes, lui dis-je, mais la plus soli-
de & la plus consolante pour moi
est celle de périr du moins dans
l'entreprise. Je le quittai en le
priant de me secourir par ses vœux,
& je ne pensai plus qu'à m'associer
des camarades à qui je pusse communiquer une étincelle de mon
courage, & de ma resolution.

N 2

Le

Le premier qui s'offrit à mon esprit fut le même Garde du Corps, que j'avois emploïé pour arrêter G. M. j'avois deſſein auſſi d'aller paſſer la nuit dans ſa chambre, n'aïant point eu l'eſprit aſſès libre pendant l'après-midi pour me procurer un logement. Je le trouvai ſeul. Il eut de la joïe de me voir ſorti du Châtelet. Il m'offrit affectueuſement ſes ſervices. Je lui expliquai ceux qu'il pouvoit me rendre. Il avoit aſſès de bon ſens pour en appercevoir toutes les difficultez ; mais il fût aſſez genereux pour entreprendre de les ſurmonter. Nous emploïâmes une partie de la nuit à raiſonner ſur mon deſſein. Il me parla des trois ſoldats aux Gardes dont il s'étoit ſervi dans la derniere occaſion, comme de trois braves à l'épreuve ; Mr. de T . . . m'avoit informé exactement du nombre des Archers qui devoient conduire Manon, ils n'étoient que ſix. Cinq hommes hardis , & reſolus ſuffiſoient pour donner l'épouvante à ces miſerables, qui ne ſont point

capa-

capables de se défendre honora-
blement ; lorsqu'ils peuvent éviter
le péril du combat par une lâcheté : comme je ne manquois point
d'argent , le Garde du Corps me
conseilla de ne rien menager pour
assurer le succès de notre attaque. Il nous faut des chevaux,
me dit-il , avec des pistolets, &
chacun un mousqueton. Je me
charge de prendre demain le soin
de ces préparatifs. Il faudra aussi
trois habits communs pour nos
soldats qui n'oseroient paroître
dans une affaire de cette nature
avec l'uniforme du Regiment. Je
lui mis entre les mains les cent
pistoles que j'avois reçeuës de Mr.
de T. . Elles furent emploïez le
lendemain jusqu'au dernier sou.
Les trois soldats passerent en re-
vuë devant moi. Je les animai par
de grandes promesses ; & pour
leur ôter toute défiance, je commençai par leur faire présent à
chacun de dix pistoles. Le jour
de l'execution étant venu , j'en
envoïai un de grand matin à l'Hôpital, pour s'instruire par ses pro-

N 3

pres

pres yeux du moment auquel les Archers partiroient avec leur proïe. Quoique je n'eusse pris cette précaution que par un excès d'inquietude & de prévoïance, il se trouva qu'elle avoit été absolument nécessaire. J'avois compté sur quelques fausses informations qu'on m'avoit données de leur route, & m'étant persuadé que c'étoit à la Rochelle que cette deplorable troupe devoit être embarquée, j'aurois perdu mes peines à l'attendre sur le chemin d'Orleans; cependant je fus informé par le rapport du soldat aux gardes qu'elle prenoit le chemin de Normandie, & que c'étoit du Havre de Grace qu'elle devoit partir pour l'Amerique. Nous nous rendimes aussi-tôt à la porte St. Honoré, observant de marcher par des ruës differentes. Nous nous reunîmes au bout du Fauxbourg; nos chevaux étoient frais. Nous ne tardames point à découvrir les six gardes, & les deux miserables voitures que vous vîtes à Passy, il y a environ deux ans.

Ce

Ce spectacle faillit à m'ôter la force, & la connoissance. O fortune
m'écriai-je, fortune cruelle, ac-
corde moi ici du moins la mort
ou la victoire. Nous tinmes conseil un moment sur la maniere
dont nous ferions notre attaque.
Les Archers n'étoient gueres plus
de quatre cens pas devant nous,
& nous pouvions les couper en
passant au travers d'un petit champ,
autour duquel le grand chemin
tournoit. Le Garde du Corps fut
d'avis de prendre cette voïe pour
les surprendre en fondant tout d'un
coup sur eux. J'approuvai sa pensée, & je fus le premier à pi-
quer mon cheval, mais la fortune
avoit rejetté impitoïablement mes
vœux. Les Archers voïant cinq
Cavaliers courir vers eux, ne
douterent point que ce ne fût
pour les attaquer. Ils se mirent en
défense, en préparant leurs bayon-
nettes, & leurs fusils d'un air assez résolu. Cette vûë qui ne fit
que nous animer le Garde du Corps
& moi, ôta tout d'un coup le
courage à nos trois lâches compagnons.

gnons. Ils s'arrêterent comme de concert, & s'étant dit entr'eux quelques mots que je n'entendis point, ils tournerent la tête de leurs chevaux pour reprendre le chemin de Paris à bride abbatuë. Dieux! me dit le Garde du Corps qui paroiſſoit auſſi éperdu que moi de cette infame déſertion, qu'allons nous faire, nous ne ſommes plus que deux. J'avois perdu la voix de fureur, & d'étonnement. Je m'arrêtai, incertain ſi ma premiére vangeance ne devoit pas s'emploïer à la pourſuite, & au châtiment des lâches qui m'abandonnoient. Je les regardois fuir, je jettois les yeux de l'autre côté ſur les Archers; s'il m'eût été poſſible de me partager, j'aurois fondu tout à la fois ſur ces deux objets de ma rage. Je les dévorois tous enſemble. Le Garde du Corps qui jugeoit de mon incertitude par le mouvement égaré de mes yeux, me pria d'écouter ſon conſeil. N'étant que deux, me dit-il, il y auroit de la folie à attaquer ſix hommes auſſi bien armez que nous, &
qui

qui paroiffent nous attendre de pied ferme. Il faut retourner à Paris, & tacher de réüffir mieux dans le choix de nos braves. Les Archers ne fçauroient faire de grandes journées avec deux péfantes voitures, nous les réjoindrons demain fans peine. Je fis un moment de réflexion fur ce parti; mais ne voïant de tous côtez que des fujets de défefpoir, je pris une réfolution véritablement défefperée. Ce fut de remercier mon compagnon de fes fervices; & loin d'attaquer les Archers, d'aller avec foumiffion les prier de me recevoir dans leur troupe, pour accompagner Manon avec eux jufqu'au Havre de Grace, & paffer enfuite au-delà des mers avec elle. Tout le monde me perfecute ou me trahit, dis-je au Garde du Corps, je n'ai plus de fond à faire fur perfonne. Je n'attens plus rien ni de la fortune ni du fecours des hommes. Mes malheurs font au comble, il ne me refte plus que de m'y foumettre. Ainfi je ferme les yeux à toute efperance: Puiffe

N 5

le

le Ciel recompenser votre género-
sité. Adieu, je vais aider mon
mauvais sort à consommer ma
ruïne, en y courant moi-même volontairement. Il fit inutilement ses
efforts pour m'engager à retourner à Paris. Je le priai de me
laiffer suivre mes résolutions, &
de me quitter sur le champ, de peur
que les Archers ne continuaffent
à croire que notre deffein étoit de
les attaquer.

J'allai seul vers eux d'un pas
lent, & le visage si confterné qu'ils
ne dûrent rien trouver d'effraïant
dans mes approches. Ils se tenoient
toujours néanmoins en posture de
défense. Raffurez-vous, Meffieurs,
leur dis-je, en les abordant : je ne
vous apporte point la guerre, je
viens vous demander des graces.
Je les priai de continuër leur chemin sans défiance, & je leur appris en marchant les faveurs que
j'attendois d'eux. Ils confulterent
ensemble de quelle maniere ils
devoient recevoir cette ouverture.
Le Chef de la bande prit la parole
pour les autres. Il me répondit,
que

que les ordres qu'ils avoient de veiller sur leurs captives étoient d'une extrême rigueur ; que je lui paroissois néanmoins si joli homme que lui, & ses compagnons se rélacheroient un peu de leur devoir ; mais que je devois bien comprendre qu'il falloit qu'il m'en coutât quelque chose. Il me restoit environ quinze pistoles ; je leur dis naturellement en quoi consistoit le fond de ma bourse. Hé bien, me dit l'Archer, nous en userons généreusement. Il ne vous coûtera qu'un écû par heure pour entretenir celle de nos filles qui vous plaira le plus, c'est le prix courant de Paris. Je ne leur avois pas parlé de Manon en particulier ; parce que je n'avois pas dessein qu'ils connussent ma passion. Ils s'imaginerent d'abord que ce n'étoit qu'une fantaisie de jeune homme qui me faisoit chercher un peu de passetems avec les créatures ; mais lorsqu'ils crurent s'être apperçus que j'étois amoureux, ils augmenterent tellement le tribut, que ma bourse se trouva é-

puisée

puiſée en partant de Mante où nous avions couché le jour que nous arrivâmes à Paſſy.

Vous dirai-je quel fût le déplorable ſujet de mes entretiens avec Manon pendant cette route ; ou quelle impreſſion ſa vûë fit ſur moi , lorſque j'eus obtenu des Gardes la liberté d'approcher de ſon chariot ? Ah ! les expreſſions ne rendent jamais qu'à demi les ſentimens du cœur ; mais figurez-vous ma pauvre Maitreſſe enchainée par le milieu du corps , aſſiſe ſur quelques poignées de paille , la tête appuïée languiſſamment ſur un côté de la voiture , le viſage pâle , & mouillé d'un ruiſſeau de larmes qui ſe faiſoient un paſſage au travers de ſes paupieres , quoiqu'elle eût continuellement les yeux fermez. Elle n'avoit pas même eu la curioſité de les ouvrir ; lorſqu'elle avoit entendu le bruit de ſes Gardes qui craignoient d'être attaquez. Son linge étoit ſale, & derangé , ſes mains délicates expoſées à l'injure de l'air ; enfin tout ce compoſé charmant, cette

figure

figure capable de ramener l'univers
à l'idolâtrie, paroiſſoit dans un desordre, & un abbatement inexprimable. J'emploïai quelque tems
à la conſiderer, en allant à cheval
à côté du chariot. J'étois ſi peu à
moi-même, que je fus ſur le point
pluſieurs fois de tomber dangereu-
ſement. Mes ſoupirs, & mes exclamations fréquentes, m'attirerent d'elle quelques régards. Elle
me reconnut, & je remarquai que
dans le premier mouvement, elle
tenta de ſe précipiter hors de la
voiture pour venir à moi, mais
étant retenuë par ſa chaine, elle
retomba dans ſa premiére attitude.
Je priai les Archers d'arrêter un
moment par compaſſion, ils y con-
ſentirent par avarice. Je quittai
mon cheval pour m'aſſeoir auprès
d'elle. Elle étoit ſi languiſſante,
& ſi affoiblie qu'elle fut longtems
ſans pouvoir ſe ſervir de ſa langue,
ni remuer ſes mains. Je les mouil-
lois pendant ce tems - là de mes
pleurs, & ne pouvant proferer
moi-même une ſeule parole, nous
étions l'un & l'autre dans une des

N 7

plus

plus triſtes ſituations dont il y ait jamais eu d'exemple. Nos expreſſions ne le furent pas moins, lorſque nous eûmes retrouvé la liberté de parler. Manon parla peu ; il ſembloit que la honte, & la douleur euſſent alteré les organes de ſa voix ; le ſon en étoit foible & tremblant. Elle me remercia de ne l'avoir pas oubliée, & de la ſatisfaction que je lui accordois, dit-elle en ſoupirant, de me voir du moins encore une fois, & de me dire le dernier adieu. Mais lorſque je l'eus aſſurée que rien n'étoit capable de me ſéparer d'elle, & que j'étois diſpoſé à la ſuivte juſqu'à l'extrêmité du monde, pour prendre ſoin d'elle, pour la ſervir, pour l'aimer, & pour attacher inſeparablement ma miſerable deſtinée à la ſienne, cette pauvre fille ſe livra à des ſentimens ſi tendres & ſi douloureux, que j'apprehendai quelque choſe pour ſa vie d'une ſi violente émotion. Tous les mouvemens de ſon ame ſembloient ſe réünir dans ſes yeux. Elle les tenoit fixez ſur moi. Quel-

Quelquefois elle ouvroit la bouche sans avoir la force d'achever
quelques-mots qu'elle commençoit. Il lui en échapoit néanmoins
quelques-uns. C'étoient des marques d'admiration sur mon amour,
de tendres plaintes de son excès,
des doutes qu'elle pût être assez
heureuse pour m'avoir inspiré une
passion si parfaite, des instances
pour me faire renoncer au dessein
de la suivre, & chercher ailleurs
un bonheur digne de moi, qu'elle
me disoit que je ne pouvois esperer avec elle.

En dépit du plus cruel de tous
les sorts, je trouvois ma felicité
dans ses régards, & dans la certitude que j'avois de son affection.
J'avois perdu à la verité tout ce
que le reste des hommes estime,
mais j'étois le maitre du cœur de
Manon, le seul bien que j'estimois. Vivre en Europe, vivre en
Amerique, que m'importoit-il en
en quel endroit vivre si j'étois assuré d'y être heureux en y vivant
avec ma maîtresse ? Tout l'univers n'est-il pas la patrie de deux
amans

amans fideles ? Ne trouvent-ils pas l'un dans l'autre pére, mere, parens, amis, richeffes & felicité. Si quelque chofe me caufoit de l'inquietude, c'étoit la crainte de voir Manon expofée aux befoins de l'indigence. Je me fuppofois déja avec elle dans une region inculte & habitée par des Sauvages. Je fuis bien fûr, difois-je, qu'il ne fçauroit y en avoir d'auffi cruels que G. M. & mon pére. Ils nous laifferont du moins vivre en paix. Si les rélations qu'on en fait font fidelles, ils fuivent les loix de la nature. Ils ne connoiffent ni les fureurs de l'avarice qui poffedent G. M., ni les idées fantaftiques de l'honneur qui m'ont fait un ennemi de mon pére. Ils ne troubleront point deux amans qu'ils verront vivre aveç autant de fimplicité qu'eux. J'étois donc tranquille de ce côté-là. Mais je ne me formois point des idées Romanesques par rapport aux befoins communs de la vie. J'avois éprouvé trop fouvent qu'il y a des néceffitez infupportables,

furtout

furtout pour une fille délicate, qui eſt accoûtumée à une vie commode, & abondante. J'étois au déſeſpoir d'avoir épuiſé inutilement ma bourſe, & que le peu d'argent qui me reſtoit, fût encore ſur le point de m'être ravi par la friponnerie des Archers. Je concevois qu'avec une petite ſomme, j'aurois pû eſperer non ſeulement de me ſoûtenir quelque tems contre la miſere en Amerique, où l'argent étoit rare; mais d'y former même quelque entrepriſe pour un établiſſement durable. Cette conſidération me fit naître la penſée d'écrire à Tiberge que j'avois toujours trouvé ſi prompt à m'offrir les ſecours de l'amitié. J'écrivis dès la premiére ville où nous paſſames. Je ne lui apportai point d'autre motif que le preſſant beſoin dans lequel je prévoïois que je me trouverois au Havre de Grace; où je lui confeſſois que j'étois allé conduire Manon. Je lui demandois cent piſtoles; faites les moi tenir au Havre, lui diſois-je, par le Maitre de la Poſte.

Vous

Vous voïez bien que c'est la derniere fois que j'importune votre affection, & que ma malheureuse maitresse m'étant enlevée pour toujours, je ne puis la laisser partir sans quelques soulagemens qui adoucissent son sort, & mes mortels régrets.

Les Archers devinrent si intraitables, lors qu'ils eurent découvert la violence de ma passion, que redoublant continuellement le prix de leurs moindres faveurs, ils me réduisirent bientôt à la derniere indigence. L'amour d'ailleurs ne me permettoit gueres de ménager ma bourse. Je m'oubliois du matin au soir auprès de Manon, & ce n'étoit plus par heure que le tems m'étoit mesuré; c'étoit par la longueur entiere des jours. Enfin ma bourse étant tout à fait vuide, je me trouvai exposé aux caprices, & à la brutalité de six miserables qui me traitoient avec une hauteur insupportable. Vous en futes témoin à Passy. Votre rencontre fut un heureux moment de relâche qui me fut accordé par la fortune. Votre

Votre pitié à la vûë de mes peines
fut ma seule recommandation auprès de votre cœur généreux. Le
secours que vous m'accordâtes
liberalement servit à me faire gagner le Havre, & les Archers tinrent
leur promesse avec plus de fidelité
que je ne l'esperois. Nous arrivâmes
au Havre. J'allai d'abord à la poste.
Tiberge n'avoit point encore eû le
tems de me répondre. Je m'informai
exactement quel jour je pourrois
attendre sa lettre. Ce ne pouvoit
être que deux jours après ; & par
une étrange disposition de mon mauvais sort, il se trouva que notre
vaisseau devoit partir le matin de
celui auquel j'attendois l'ordinaire.
Je ne puis vous representer quel
fut mon désespoir ; Quoi ? disois
je, dans le malheur même il faudra toujours que je sois distingué
par des excès ? Manon répondit,
Helas ! une vie si malheureuse mérite t-elle, le soin que nous en
prenons ! Mourons au Havre,
mon cher Chevalier, finissons tout
d'un coup nos miseres. Irons-
nous les trainer dans un païs in-

con ;

connu, où nous devons nous attendre fans doute à des extrêmitez
horribles ; puifqu'on a eû deffein
de m'en faire un fupplice ! mourons, me repeta-t-elle, ou du
moins donne moi la mort, & va
chercher un autre fort dans les bras
d'un amante plus heureufe. Non,
non, lui dis-je, c'eft pour moi un
fort digne d'envie que d'être malheureux avec vous. Son difcours
me fit trembler. Je jugeai qu'elle étoit accablée de fes maux. Je
m'efforçai de prendre un air plus
tranquille pour lui ôter ces funes-
tes penfées de mort & de défefpoir. Je refolus de tenir la même
conduite à l'avenir, & j'ai éprouvé dans la fuite que rien n'eft plus
capable d'infpirer du courage à une
femme, que l'intrepidité d'un homme qu'elle aime. . .

Voiant que je n'avois point de
fecours à attendre de Tiberge, je
vendis mon cheval. L'argent que
j'en tirai joint à ce qui me reftoit
encore de vos liberalitez, me com-
pofa la petite fomme de dix-fept
piftoles. J'en emploïai fept à l'a-
chat

chat de quelques foulagemens néceffaires à Manon, & je ferrai les
dix autres avec foin comme le
fondement de notre fortune, &
de nos efperances en Amerique.
Je n'eus point de peine à me faire
recevoir dans le vaiffeau. On cherchoit de tous cotez de jeunes gens
qui fuffent difpofez à fe joindre
volontairement à la Colonie. Le
paffage, & la nourriture me furent
accordez gratis. La Pofte de Paris devant partir le lendemain, j'y
laiffai une lettre pour Tiberge.
Elle étoit touchante, & capable
de l'attendrir fans doute au dernier
point; puifqu'elle lui fit prendre
une refolution qui ne pouvoit venir que d'un fond infini de tendreffe & de generofité pour un ami
malheureux.

Nous mimes à la voile. Le
vent nous fut continuellement favorable. J'obtins du Capitaine
un lieu à part pour Manon, &
pour moi. Il eut la bonté de nous
regarder d'un autre œil que le
commun de nos miferables affociez. Je l'avois pris en particulier
dès

dès le premier jour, & pour m'attirer de lui quelque confideration
je lui avois découvert une partie
de mes infortunes. Je ne crus
pas me rendre coupable d'un men-
fonge honteux en lui difant que
j'étois marié à Manon. Il fit
femblant de le croire, & il m'ac-
corda fa protection. Nous en re-
çûmes des marques pendant toute
la navigation. Il eut foin de nous
faire nourrir honnêtement, & les
égards qu'il eût pour nous fervi-
rent à nous faire refpecter des compagnons de nôtre mifere. J'avois
une attention continuelle à ne pas
laiffer fouffrir la moindre incommodité à Manon. Elle le remar-
quoit bien, & cette vûë jointe au
vif reffentiment de l'étrange extrêmité où je m'étois reduit pour elle, la rendoit fi tendre & fi paf-
fionnée, fi attentive auffi à mes
plus legers befoins, que c'étoit
entre elle & moi une perpetuelle
émulation de fervices & d'amour.
Je ne regrettois point l'Europe.
Au contraire plus nous avancions
vers l'Amerique, plus je fentois

mon

mon cœur s'élargir, & devenir tranquille ; si j'eusse pû m'assurer
de n'y manquer des nécessitez
absolues de la vie, j'aurois re-
mercié la fortune d'avoir donné un tour si favorable à nos malheurs.

Après une navigation de deux
mois, nous abordames enfin au
rivage desiré. Le païs ne nous
offrit rien d'agréable à la premiere vûë. C'étoient des campagnes
steriles, & inhabitées, où l'on
voïoit à peine quelques roseaux
& quelques arbres dépouillez par
le vent. Nulle trace d'hommes,
ni d'animaux. Cependant le Capitaine aïant fait décharger quelques pieces de notre artillerie,
nous ne fumes pas longtems sans
appercevoir une troupe de Citoïens
du nouvel Orleans qui s'approcherent de nous avec de vives marques
de joïe. Nous n'avions pas découvert la ville. Elle est cachée de ce
côté-là par une petite colline. Nous
fumes reçus comme des gens
descendus du Ciel. Ces pauvres
habitans s'empressoient pour nous
faire

faire mille queſtions ſur l'état de la France & ſur les differentes Provinces où ils étoient nez. Ils nous embraſſoient comme leurs freres, & comme de chers compagnons qui venoient partager leur miſere & leur ſolitude. Nous primes le chemin de la ville avec eux ; mais nous fumes ſurpris de découvrir en avançant, que ce qu'on nous avoit vanté juſqu'alors comme une bonne ville n'étoit qu'un aſſemblage de quelques pauvres cabannes ; Elles étoient habitées par cinq ou ſix cens perſonnes. La maiſon du Gouverneur nous parut un peu diſtinguée par ſa hauteur, & par ſa ſituation. Elle eſt deffenduë par quelques ouvrages de terre, autour desquels regne un large foſſé.

Nous fumes d'abord préſentez à lui. Il s'entretint longtems en ſecret avec le Capitaine, & revenant enſuite à nous, il conſidera l'une après l'autre toutes les filles qui étoient arrivées par le vaiſſeau. Elles étoient au nombre de trente, car nous en avions trouvé au Havre

vre une autre bande qui y étoit à attendre la nôtre. Le Gouverneur les aïant longtems examinées, fit appeller divers jeunes gens de la ville qui languissoient dans l'attente d'une épouse. Il donna les plus jolies aux principaux, & le reste fut tiré au sort. Il n'avoit point encore parlé à Manon ; mais lorsqu'il eut ordonné aux autres de se retirer, il nous fit demeurer elle & moi. J'apprens du Capitaine, nous dit-il, que vous êtes mariez & qu'il vous a reconnus sur la route pour deux personnes d'esprit & de mérite. Je n'entre point dans les raisons qui ont causé votre malheur ; mais s'il est vrai que vous aïez autant de sçavoir vivre que votre figure me le promet, je n'épargnerai rien pour adoucir votre sort & vous contribuerez vous-même à me faire trouver quelque agrément dans ce lieu sauvage & desert. Je lui répondis de la maniere que je crus la plus propre à confirmer l'idée qu'il avoit de nous. Il donna quelques ordres pour nous faire avoir un

logement dans la ville, & il nous
retint à fouper avec lui. Je lui
trouvai beaucoup de politeffe pour
un chef de malheureux bannis. Il
ne nous fit point de queftion en public fur le fond de nos avantures.
La converfation fut générale, &
malgré notre trifteffe nous nous ef-
forçames Manon & moi de contri-
nuer à la rendre agréable.

Le foir il nous fit conduire au
logement qu'on nous avoit préparé. Nous trouvâmes une miferable cabane compofée de plan-
ches & de boüe, qui confiftoit en
deux chambres de plein-pied avec
un grenier au-deffus. Il y avoit
fait mettre deux ou trois chaifes,
& quelque commoditez néceffaires
à la vie. Manon parût effraiée à
la vûë d'une fi trifte demeure ; C'é-
toit pour moi qu'elle s'affigeoit
beaucoup plus que pour elle-même. Elle s'affit, lorfque nous
fumes feuls, & elle fe mit à pleurer amerement. J'entrepris d'a-
bord de la confoler ; mais lorfqu'elle m'eût fait entendre que c'é-
toit moi feul qu'elle plaignoit &
qu'el-

qu'elle ne consideroit dans nos malheurs communs que ce que j'avois à souffrir, j'affectai de montrer assez de courage, & même assez de joïe pour lui en inspirer. De quoi me plaindrois-je, lui dis-je? je possede tout ce que je desire. Vous m'aimez n'est-ce pas? quel autre bonheur me suis-je jamais proposé? Laissons au Ciel le soin de notre fortune. Je ne la trouve pas si désesperée. Le Gouverneur est un homme civil, il nous a marqué de la consideration, il ne permettra pas que nous manquions du nécessaire. Pour ce qui regarde la pauvreté de notre cabanne, & la grossiereté de nos meubles, vous avez pû remarquer qu'il y a peu de personnes ici qui paroissent mieux logées & mieux meublées que nous; & puis tu es une Chimiste admirable, ajoutai-je en l'embrassant, tu transformes tout en or. Vous serez donc la plus riche personne de l'univers, me répondit-elle, car s'il n'y eût jamais d'amour tel que le votre, il est impossible aussi d'être aimé

 plus

plus tendrement que vous l'étes de moi. Je me rens juſtice, continua-t-elle. Je ſens bien que je n'ai jamais mérité ce prodigieux attachement que vous avez pour moi. Je vous ai cauſé des chagrins que vous n'avez pû me pardonner ſans une bonté extrême. J'ai été legere & volage ; & même en vous aimant éperduëment comme j'ai toujours fait , je n'étois qu'une ingrate. Mais vous ne ſçauriez croire combien je ſuis changée. Mes larmes que vous avez vû couler ſi ſouvent depuis notre départ de France, n'ont pas eû une ſeule fois mes malheurs pour objet J'ai ceſſé de les ſentir auſſitôt que vous avez commencé à les partager. Je n'ai pleuré que de tendreſſe & de compaſſion pour vous. Je ne me conſole point d'avoir pû vous chagriner un moment dans ma vie. Je ne ceſſe point de me reprocher mes inconſtances , & de m'attendrir en admirant de quoi l'amour vous a rendu capable pour une malheu‧reuſe qui n'en étoit pas digne, &

qui

qui ne païeroit pas bien avec tout
son sang, ajouta-t-elle avec une a-
bondance de larmes, la moitié des
peines qu'elle vous a causées. Ses
pleurs, son discours, & le ton
dont elle le prononça firent sur
moi une impression si étonnante, que
je crus sentir une espece de division
dans mon ame. Pren garde, lui
dis-je, pren garde, ma chere Manon, je n'ai point assez de force
pour supporter des marques si vives
de ton affection; je ne suis point
accoûtumé à ces excès de joïe.
O Dieu! m'écriai-je, je ne vous
demande plus rien; je suis assuré
du cœur de Manon, il est tel que
je l'ai souhaité pour être heureux.
Je ne puis plus cesser de l'être à
présent. Voilà ma felicité bien
établie. Elle l'est, reprit-elle, si
vous la faites dépendre de moi; &
je sçais bien où je puis compter
aussi de trouver toujours la mienne.
Je me couchai avec ces charmantes idées, qui changerent ma cabanne en un Palais digne du premier Roi du monde. L'Amerique
me parut un lieu de délices après

 cela

cela. C'eſt au nouvel Orleans qu'il faut venir, diſois-je ſouvent à Manon, quand on veut goûter les vraïes douceurs de l'amour. C'eſt ici qu'on s'aime ſans intérêt, ſans jalouſie, ſans inconſtance. Nos compatriotes y viennent chercher de l'or, ils ne s'imaginent pas que nous y avons trouvé des tréſors bien plus eſtimables

Nous cultivâmes ſoigneuſement l'amitié du Gouverneur. Il eut la bonté quelques ſemaines après notre arrivée de me donner un petit emploi qui vint à vaquer dans le Fort; quoiqu'il ne fût pas bien diſtingué, je l'acceptai comme une faveur du Ciel. Il me mettoit en état de vivre ſans être à charge à perſonne. Je pris un valet pour moi, & une ſervante pour Manon. Notre petite fortune s'arrangea. J'étois réglé dans ma conduite. Manon ne l'étoit pas moins. Nous ne laiſſions point échaper l'occaſion de rendre ſervice & de faire du bien à nos Voiſins; cette diſpoſition officieuſe, & la douceur de

nos

nos maniéres nous attirerent la confiance & l'affection de toute la Colonie. Nous fumes en peu de tems si considerez, que nous passions pour les premiéres personnes de la ville après le Gouverneur.

L'innocence de nos occupations, & la tranquilité où nous étions cotinuellement, servit à nous ramener peu à peu à l'esprit des idées de pieté, & de religion. Manon n'avoit jamais été une fille impie; je n'étois pas non plus de ces libertins outrez, qui se font gloire d'ajoûter l'irreligion à la dépravation des mœurs. L'amour & la jeunesse avoient causé tous nos desordres. L'experience commençoit à nous tenir lieu d'âge; elle fit sur nous le même effet que les années. Nos conversations qui étoient toujours réflechies, nous mirent insensiblement dans le goût d'un amour vertueux. Je fus le premier qui proposai ce changement à Manon; je connoissois les principes de son cœur. Elle étoit droite, & naturelle dans tous ses

senti-

ſentimens ; qualité qui diſpoſe toujours à la vertu. Je lui fis comprendre qu'il manquoit une choſe
à notre bonheur ; c'eſt, lui dis-je,
de le faire approuver du Ciel. Nous
avons l'ame trop belle, & le cœur
trop bien fait l'un & l'autre pour
vivre volontairement dans le crime. Paſſe d'y avoir vêçu en France, où il nous étoit également
impoſſible de ceſſer de nous aimer, & de nous ſatisfaire par une
voïe légitime ; mais en Amerique
cù nous ne dépendons que de
nous-mêmes ; ou nous n'avons
plus à ménager les loix arbitraires
du rang, & de la bienſeance, où
l'on nous croit même mariez ; qui
empêche que nous ne le ſoïons
bientôt effectivement, & que nous
ne ſantifions notre amour par des
ſermens que la Religion autoriſe ?
Pour moi, ajoûtai-je, je ne vous
offre rien de nouveau en vous offrant mon cœur & ma main ; mais
je ſuis prêt à vous en renouveller
le don au pied d'un Autel. Il
me parût que ce diſcours la pé-
nétroit de joïe. Croiriez-vous, me

ré-

répondit-elle , que j'y ai penſé mille fois depuis que nous ſommes en Amerique ? La crainte de vous déplaire m'a fait renfermer ce déſir dans mon cœur. Je n'ai point la préſomption de vous ſolliciter à m'accorder la qualité de votre épouſe. Ah ! Manon, répliquai-je, tu la ſerois bientôt d'un Roi, ſi le Ciel m'avoit fait naître avec une couronne. Ne balançons plus. Nous n'avons nul obſtacle à apprehender. J'en veux parler dès aujourd'hui au Gouverneur, & lui avouër que nous l'avons trompé juſqu'à ce jour. Laiſſons craindre aux amans vulgaires, ajoûtai-je, les chaines indiſſolubles du mariage. Ils ne les craindroient pas s'ils étoient aſſurez comme nous de porter toujours celles de l'amour. Je laiſſai Manon au comble de la joïe après cette réſolution.

Je ſuis perſuadé qu'il n'y a point d'honnête homme au monde qui n'eût approuvé mes vûës dans les circonſtances où j'étois, c'eſt-à-dire, aſſervi fatalement à une paſ-

ſion.

sion que je ne pouvois vaincre, & combattu par des rémords que je ne devois point étouffer. Mais se trouvera-t-il quelqu'un qui accuse mes plaintes d'injustice, si je gemis de la rigueur du Ciel à rejetter un dessein que je n'avois formé que pour lui plaire. Helas ! que dis-je, à le réjetter ? Il l'a puni comme un crime. Il m'avoit souffert avec patience lorsque je marchois aveuglement dans la route du vice ; & ses plus rudes châtimens m'étoient réservez lorsque je commençerois à retourner à la vertu. Je crains de manquer de force pour achever le recit du plus funeste évenement qui fût jamais.

J'allai chez le Gouverneur, comme j'en étois convenu avec Manon, pour le prier de consentir à la cérémonie de notre mariage. Je me serois bien gardé d'en parler à lui, ni à personne, si j'eusse pû me promettre que son Aumônier qui étoit alors le seul Prêtre de la ville, m'eût rendu ce service sans sa participation ; mais n'osant esperer

perer qu'il voulût s'engager au silence, j'avois pris le parti d'agir ouvertement. Le Gouverneur avoit un neveu nommé Synnelet, qui lui étoit extrêmement cher. C'étoit un homme de trente ans, brave, mais emporté & violent. Il n'étoit point marié. La beauté de de Manon l'avoit touché dès notre arrivée, & les occasions sans nombre qu'il avoit eu de la voir pendant neuf ou dix mois avoient tellement enflâmé sa passion, qu'il se consumoit en secret pour elle. Cependant comme il étoit persuadé avec son oncle & toute la ville que j'étois réellement marié; Il s'étoit rendu maitre de son amour, jusqu'au point de n'en laisser rien appercevoir; & son zéle s'étoit même déclaré pour moi dans plusieurs occasions de me rendre service. Je le trouvai avec son oncle, lorsque j'arrivai dans le Fort. Je n'avois nulle raison qui m'obligeât à lui faire un secret de mon dessein; desorte que je ne fis point difficulté de m'expliquer en sa présence. Le Gouverneur

 m'é-

m'écouta avec fa bonté ordinaire.
Je lui racontai une partie de mon
hiftoire qu'il entendit avec plaifir;
& lorfque je le priai d'affifter à la
cérémonie que je méditois, il eut
la générofité de s'engager à faire
toute la dépenfe de la fête. Je me
retirai fort content.

Environ une heure après je vis
entrer l'Aumônier chez moi. Je
m'imaginois qu'il venoit me donner quelques inftructions fur mon
mariage; mais après m'avoir falué froidement; il me déclara en
deux mots que Mr. le Gouverneur me défendoit d'y penfer, &
qu'il avoit d'autres vûës fur Manon. D'autres vûës fur Manon!
lui dis-je avec un faififfement de
cœur; & quelles vûës donc Mr.
l'Aumônier? Il me répondit, que
je n'ignorois pas que Mr. le Gouverneur étoit le maitre, que Manon aïant été envoïée de France
pour la Colonie, c'étoit à lui à
difpofer d'elle; qu'il ne l'avoit
pas fait jufqu'alors, parce qu'il la
croïoit mariée; mais qu'aïant appris de moi-même qu'elle ne l'é-

toit

toit point, il jugeoit à propos de la donner à Mr. Synnelet qui en étoit amoureux. Ma vivacité l'emporta fur ma prudence. J'ordonnai fierement à l'Aumônier de fortir de ma maifon, en jurant que le Gouverneur, Synnelet, & toute la ville, n'oferoient porter la main fur mon époufe, ou ma maitreffe, comme ils voudroient l'appeller.

Je fis part auffitôt à Manon du funefte meffage que je venois de recevoir. Nous jugeâmes que Synnelet avoit féduit l'efprit de fon oncle depuis mon retour, & que c'étoit l'effet de quelque deffein médité depuis long-tems. Ils étoient les plus forts. Nous nous trouvions dans le nouvel Orleans comme au milieu de la mer; c'eft-à-dire, féparez du refte du monde par des efpaces immenfes. Où fuir! dans un païs inconnu, défert, ou habité par des bêtes feroces, & par des Sauvages auffi barbares qu'elles. J'étois eftimé dans la ville, mais je ne pouvois efperer d'émouvoir affez le peuple en ma faveur pour en efperer un

fesecours proportionné au mal. Il eût fallu de l'argent, j'étois pauvre. D'ailleurs le succès d'une émotion populaire étoit incertain, & si la fortune nous eût manqué, notre malheur seroit devenu sans remede. Je roulois toutes ces pensées dans ma tête, j'en communiquois une partie à Manon, j'en formois de nouvelles sans écouter sa réponse. Je prenois un parti, je le réjettois pour en prendre un autre. Je parlois seul, je répondois tout haut à mes pensées ; enfin j'étois dans une agitation que je ne sçaurois comparer à rien ; parce qu'il n'y en eût jamais d'égale. Manon avoit les yeux sur moi, elle jugeoit par mon trouble de la grandeur du péril ; & tremblant pour moi plus que pour elle-même, cette tendre fille n'osoit pas même ouvrir la bouche pour m'exprimer sa crainte. Après une infinité de réflexions, je m'arrêtai à la résolution d'aller trouver le Gouverneur pour m'efforcer de le toucher par des considerations d'honneur, & par le souvenir

nir de mon respect, & de son affection. Manon vouloit s'opposer
à ma sortie. Elle me disoit en
pleurant. Helas ! ils vont vous
tuer ; je ne vous reverrai plus que
mort. Je veux mourir avant vous.
J'eus besoin de quantité d'efforts
pour la persuader de la nécessité
où j'étois de sortir , & de celle
qu'il y avoit pour elle de demeurer au logis. Je lui promis qu'elle
me verroit de retour en un moment. Elle ignoroit, & moi aussi
que c'étoit sur elle-même que devoit tomber toute la colere du
Ciel, & la rage de nos ennemis.

Je me rendis au Fort. Le Gouverneur étoit avec son Aumônier.
Je m'abaissai pour le toucher à des
soumissions qui m'auroient fait
mourir de honte , si je les eusse
faites pour toute autre cause. Je
le pris par tous les motifs qui doivent faire une impression certaine
sur un cœur qui n'est pas celui d'un
Tigre feroce & cruel. Ce Barbare
ne fit à mes plaintes , que deux
réponses qu'il répeta cent fois ;
Ma-

Manon, me dit-il, dépendoit de lui. Il avoit donné sa parole de l'accorder à son néveu. J'étois résolu de me moderer jusqu'à l'extrêmité. Je me contentai de lui dire que je le croïois trop de mes amis pour vouloir ma mort, à laquelle je consentirois plutôt qu'à la perte de ma maitresse.

Je fus trop persuadé en sortant que je n'avois rien à esperer de cet opiniâtre Vieillard, qui se seroit damné mille fois pour son néveu. Cependant je persistai dans le dessein d'user jusqu'à la fin de moderation; résolu, si l'on en venoit aux excès, de donner au nouvel Orleans une des plus sanglantes, & des plus horribles scenes que l'amour ait jamais produites. Je retournois chez moi en méditant sur ce projet; lorsque le sort qui vouloit hâter ma ruïne me fit rencontrer Synnelet. Il lût dans mes yeux une partie de mes pensées. J'ai dit qu'il étoit brave; il vint à moi, ne me cherchez-vous pas, me dit-il? Je connois que mes

des-

desseins vous offensent, & j'ai bien prévû qu'il faudroit se couper la gorge avec vous. Allons voir qui sera le plus heureux. Je lui répondis qu'il avoit raison, & qu'il n'y avoit que ma mort qui pût finir nos differens. Nous nous écartames d'une centaine de pas hors de la ville. Nos épées se croiserent, je le blessai, & je le desarmai presque en même tems. Il fut si enragé de son malheur, qu'il refusa de me demander la vie, & de renoncer à Manon. J'avois peut-être droit de lui ôter tout d'un coup l'un, & l'autre; mais un sang généreux ne se dément jamais. Je lui jettai son épée. Recommençons, lui dis-je, & songez que c'est sans quartier. Il m'attaqua avec une furie inexprimable. Je dois confesser que je n'étois point fort dans les armes, n'ayant eu que trois mois de salle à Paris. L'amour conduisoit mon épée. Synnelet ne laissa pas de me percer le bras d'outre en outre; mais je le pris sur le tems, & je lui fournis un coup si vigoureux

qu'il

qu'il tomba à mes pieds fans mouvement.

Malgré la joïe que donne la victoire après un combat mortel, je réflechis auffi-tôt fur les conféquences de cette mort. Il n'y avoit pour moi ni grace, ni délai de fuplice à efperer. Connoiffant comme je faifois la paffion du Gouverneur pour fon neveu, j'étois affuré que ma mort ne feroit pas differée d'une heure après la connoiffance de la fienne. Quelque preffante que fût cette crainte, elle n'étoit pas la plus forte caufe de mon inquietude. Manon, l'interêt de Manon, fon péril, & la néceffité de la perdre me troubloient jufqu'à répandre de l'obfcurité fur mes yeux, & à m'empêcher de réconnoître le lieu où j'étois. Je regrettai le fort de Synnelet; une prompte mort me fembloit le feul remede de mes peines. Cependant ce fut cette penfée même qui me fit rappeller vivement mes efprits, & qui me rendit capable de prendre une réfoluton. Quoi? je veux mourir, m'écriai-je, pour
finir

finir mes peines ? Il y en a donc que j'apprehende plus que la perte de ma chere Maitreſſe ? ah ! ſouffrons toutes celles auxquelles il faut m'expoſer pour la ſecourir, & remettons à mourir après les avoir ſouffertes inutilement. Je repris le chemin de la ville. J'entrai chez moi, j'y trouvai Manon à demi morte de fraïeur, & d'inquiétude. Ma préſence la ranima. Je ne pouvois lui cacher, ni même diminuer le terrible accident qui venoit de m'arriver. Elle tomba ſans connoiſſance entre mes bras au recit de la mort de Synnelet & de ma bleſſure. J'emploïai plus d'un quart d'heure à lui faire retrouver le ſentiment.

J'étois à demi mort moi-même. Je ne voïois pas le moindre jour à ſa ſûreté, ni à la mienne. Manon, que ferons-nous ? lui dis-je lorſqu'elle eut repris un peu ſes forces ? Helas ! qu'allons-nous faire ! Il faut néceſſairement que je m'éloigne. Voulez-vous démeurer dans la ville ? Ouï, démeurez y. Vous pouvez encore y

être

être heureuse, & moi je vais loin de vous chercher la mort parmi les Sauvages, ou entre les griffes des bêtes feroces. Elle se leva malgré sa foiblesse & elle me prit par la main pour me conduire vers la porte. Fuïons ensemble, me dit-elle, ne perdons pas un instant. Le corps de Synnelet peut avoir été trouvé par hazard, nous n'aurions pas le tems de nous éloigner de la ville, mais chere Manon, répris-je tout éperdu, dites moi donc où nous pouvons aller. Voïez-vous quelque ressource? Ne vaut-il pas mieux que vous tachiez de vivre ici sans moi, & que je porte volontairement ma tête au Gouverneur? Cette proposition ne fit qu'augmenter son ardeur à partir. Il fallut la suivre. J'eus encore assez de présence d'esprit en sortant pour prendre quelques liqueurs que j'avois dans ma chambre, & toutes les provisions que je pus faire entrer dans mes poches, nous dîmes à nos Domestiques qui étoient dans la chambre voisine que nous partions pour la

pro-

promenade du soir, nous avions cette coûtume tous les jours, & nous nous éloignames de la ville plus promptement que la délicatesse de Manon ne sembloit le permettre.

Quoique j'eusse été si irresolu sur le lieu de notre retraite, je ne laissois par d'avoir deux esperances, sans lesquelles j'aurois préferé la mort à l'incertitude de ce qui pouvoit arriver à Manon. J'avois acquis assez de connoissance du païs depuis près de dix mois que j'étois en Amerique, pour ne pas ignorer de quelle maniere on apprivoisoit les Sauvages. On pouvoit se mettre entre leurs mains sans courir à une mort certaine. J'avois même appris quelques mots de leur langue, & quelques-unes de leurs coûtumes dans les diverses occasions que j'avois euës de les voir   Avec cette triste ressource j'en avois une autre du côté des Anglois, qui ont comme nous un établissement dans cette partie du nouveau monde ; mais j'étois effrayé de l'éloignement. Nous avions à traverser pour aller chez eux de

steriles campagnes de plusieurs
journées de largeur, & quelques
montagnes si hautes, & si escar-
pées que le chemin en paroissoit
difficile aux hommes les plus grossiers & les plus vigoureux. Je me
flattois néanmoins que nous pourrions tirer parti de ces deux ressources ; des Sauvages pour aider à
nous conduire, & des Anglois pour
nous recevoir dans leurs habita-
tions.

Nous marchâmes aussi longtems
que le courage de Manon pût la
soutenir, c'est à-dire, environ deux
lieuës ; car cette Amante incom-
parable refusa absolument de s'arrêter plutôt. Accablée enfin de
lassitude, elle me confessa qu'il lui
étoit impossible d'avancer d'avantage. Il étoit déja nuit. Nous nous assîmes au milieu d'une vaste plaine,
sans avoir pû trouver un arbre pour
nous mettre à couvert. Son premier soin fut de changer le linge
de ma blessure, qu'elle avoit pensée elle-même avant nôtre départ.
Je m'opposai envain à ses volontez. J'aurois achevé de l'accabler
mor-

mortellement si je lui eusse refusé
la satisfaction de me croire à mon
aise, & sans danger avant que de
penser à sa propre conservation.
Je me soumis durant quelques momens à ses desirs. Je reçus ses
soins en silence, & avec honte;
mais lorsqu'elle eut satisfait sa tendresse, avec quelle ardeur la mienne ne prit-elle pas son tour! je me
dépouillai de tous mes habits pour
lui faire trouver la terre moins dure,
en les mettant sous elle. Je la fis
consentir malgré elle à me voir
emploïer à son usage tout ce que
je pus imaginer de moins incommode. J'échaufai ses mains par
mes baisers ardens & par la chaleur
de mes soupirs. Je passai la nuit
toute entiere à veiller aupres d'elle & à prier le Ciel de lui accorder un sommeil doux & paisible.
O Dieu ! que mes vœux étoient
vifs & finceres ; & par quel rigou-
reux jugement aviez-vous resolu de
ne les pas exaucer!

Pardonnez si j'acheve en peu de
mots un recit qui me tüe. Je vous
raconte un malheur qui n'eut jamais

mais d'exemple. Toute ma vie eſt deſtinée à le pleurer, mais quoique je le porte ſans ceſſe dans ma mémoire, mon ame ſemble ſe reculer d'horreur chaque fois que j'entreprens de l'exprimer.

Nous avions paſſé tranquilement une partie de la nuit. Je croïois ma chere maitreſſe endormie, & je n'oſois pouſſer le moindre ſouffle de crainte de troubler ſon ſommeil. Je m'apperçus dès le point du jour, en touchant ſes mains, qu'elle les avoit froides & tremblantes. Je les approchai de mon ſein pour les échauffer. Elle ſentit ce mouvement, & faiſant un effort pour ſaiſir les miennes; elle me dit d'une voix foible, qu'elle ſe croïoit à ſa derniere heure. Je ne pris d'abord ſes paroles que pour une expreſſion ordinaire dans l'infortune, & je n'y répondis que par les tendres conſolations que l'amour inſpire. Mais ſes ſoupirs fréquens, ſon ſilence à mes interrogations, le ſerrément de ſes mains dans lesquelles elle continuoit de tenir les miennes, me

firent

firent connoitre que la fin de ses malheurs approchoit. N'exigez point de moi que je vous décrive mes sentimens, ni que je vous rapporte ses derniéres expressions. Je la perdis, je reçus d'elle des marques d'amour au moment même qu'elle expiroit, c'est tout ce que j'ai la force de vous apprendre de ce fatal & déplorable moment.

Mon ame ne suivit pas la sienne. Le Ciel ne me trouva point sans doute assez rigoureusement puni. Il a voulu que j'aie trainé depuis une vie languissante, & miserable. Je renonce volontairement à en mener jamais une plus heureuse.

Je demeurai deux jours & deux nuits avec la bouche attachée sur le visage & sur les mains de ma chere Manon. Mon dessein étoit d'y mourir ; mais je fis réflexion au commencement du troisiéme jour, que son corps seroit exposé après mon trépas à devenir la pâture des bêtes sauvages. Je formai la resolution de l'enterrer, & d'attendre la mort sur sa fosse. J'étois déja si proche de ma fin par l'affoiblissement que le jeûne & la

douleur m'avoient caufé, que j'eus
befoin de quantité d'efforts pour me
tenir debout. Je fus obligé de recourir aux liqueurs que j'avois ap-
portées. Je repris autant de force
qu'il en falloit pour le trifte office
que j'allois executer. Il ne m'é-
toit pas difficile d'ouvrir la terre
dans le lieu où je me trouvois.
C'étoit une campagne couverte de
fable. Je rompis mon épée pour
m'en fervir à creufer, mais j'en
tirai moins de fecours que de mes
mains. J'ouvris une large foffe.
J'y plaçai l'idole de mon cœur,
apres avoir pris foin de l'envelop-
per de tous mes habits pour empêcher le fable de la toucher. Je
ne la mis dans cet état qu'après l'a-
voir embraffée mille fois avec toute l'ardeur du plus parfait amour.
Je m'affis encore auprès d'elle. Je
la confiderai longtems. Je ne pouvois me refoudre à fermer fa foffe. Enfin mes forces recommençant
à s'affoiblir & craignant d'en manquer tout à fait avant la fin de mon
entreprife, j'enfevelis pour toujours dans le fein de la terre tout ce
qu'elle avoit porté de plus parfait

&

& de plus aimable. Je me couchai ensuite sur la fosse, le visage tourné vers le sable; & fermant les yeux avec le dessein de ne les ouvrir jamais, j'invoquai le secours du Ciel, & j'attendis la mort avec impatience. Ce qui vous paroitra difficile à croire, c'est que pendant tout l'exercice de ce lugubre ministere, il ne sortit point une larme de mes yeux, ni de soupir de ma bouche. La consternation profonde où j'étois, & le dessein déterminé de mourir avoit coupé le cours à toutes les expressions du désespoir, & de la douleur; aussi ne demeurai-je point longtems dans la posture où j'étois sur la fosse, sans perdre le peu de connoissance, & de sentiment qui me restoit.

Après ce que vous venez d'entendre, la conclusion de mon histoire est de si peu d'importance qu'elle ne mérite point la peine que vous voulez bien prendre à l'écouter. Le corps de Synnelet aïant été rapporté à la ville, & ses plaies visitées avec soin, il se trouva non seulement qu'il n'étoit pas mort, mais qu'il n'avoit pas même reçu de

bles-

bleſſure dangereuſe. Il apprit à ſon oncle de quelle maniére les choſes s'étoient paſſées entre nous, & ſa généroſité le porta à publier honnêtement les effets de la mienne. On me fit chercher auſſitôt,& mon abſence avec Manon me fit ſoupçonner d'avoir pris le parti de la fuite. Il étoit trop tard pour envoïer ſur mes traces ; mais le lendemain, & les jours ſuivans furent emploïez à me pourſuivre. On me trouva ſans apparence de vie ſur la foſſe de Manon, & ceux qui me découvrirent en cet état me voïant preſque nud, & ſanglant de ma bleſſure, ne douterent point que je n'euſſe été volé & aſſaſſiné. Ils me porterent à la ville. Le mouvement du tranſport réveilla en moi quelque ſentiment. Les ſoupirs que je pouſſai en ouvrant les yeux, & en gémiſſant de me retrouver parmi les vivans firent connoître que j'étois encore en état de recevoir du ſecours. On m'en donna de trop heureux. Je ne laiſſai pas en arrivant d'être renfermé dans une étroite priſon. Mon procès fut inſtruit, & comme me Manon ne paroiſſoit point, on m'accuſa de m'être défait d'elle par un mouvement de rage & de jalouſie. Je racontai naturelle-ment ma pitoïable avanture. Syn-nelet malgré les tranſports de dou-leur où ce recit le jetta, eut la gé-néroſité de ſolliciter ma grace. Il l'obtint. J'étois ſi foible qu'on fut obligé de me tranſporter de la priſon dans mon lit, où je fus re-tenu pendant trois mois par une funeſte maladie. Ma haine pour la vie ne diminuoit point. J'invoquois continuellement la mort, & je m'obſtinai long-tems à rejetter tous les remedes ; mais le Ciel après m'avoir pourſuivi avec tant de rigueur, avoit deſſein de me ren-dre utiles mes malheurs & ſes châ-timens. Il m'éclaira des lumieres de ſa grace, & il m'inſpira le deſſein de retourner à lui par les voïes de la pénitence. La tranquil-lité aïant commencé à renaitre un peu dans mon ame, ce change-ment fut ſuivi de près par ma gué-riſon, je me livrai entiérement aux exercices de la picté, & je conti-nuai à remplir mon petit emploi ;

P 3

en

en attendant les vaisseaux de France
qui vont une fois chaque année
dans cette partie de l'Amerique.
J'étois résolu de rétourner dans ma
patrie pour y réparer par une vie
sage & réguliere le scandale de ma
conduite passée. Je pris soin de
faire transporter le corps de ma
chere maitresse dans un lieu honorable. Ce fut peu après cette cérémonie que me promenant seul un
jour sur le rivage, je vis arriver
un vaisseau que des affaires de commerce amenoient au Nouvel Orleans. J'étois attentif au débarque-
ment de l'équipage. Je fus frapé
d'une surprise excessive en recon-
noissant Tiberge parmi ceux qui
s'avançoient vers la ville. Ce fidel
ami me remit de loin malgré les
changemens que la tristesse avoit
fait sur mon visage. Il m'apprit que
l'unique motif de son voïage avoit
été le dessein de me voir, & de
m'engager à retourner en France ;
qu'ayant reçu la lettre que je lui
avois écrite du Havre, il s'y étoit
rendu en personne pour m'y rendre
le service que je lui demandois ;
qu'il avoit ressenti la plus vive
dou-

douleur en apprenant mon départ, & qu'il fût parti sur le champ pour me suivre, s'il eût trouvé un vaisseau prêt à faire voile : qu'il en avoit cherché pendant plusieurs mois dans divers ports, & qu'en aïant enfin rencontré un à St. Malo qui alloit à Quebec, il s'y étoit embarqué dans l'esperance de se procurer de-là un passage facile au Nouvel Orleans ; que le vaisseau Malouïn aïant été pris en chemin par des Corsaires Espagnols, & conduit dans une de leurs Iles, il s'étoit échapé par adresse, & qu'après diverses courses, il avoit trouvé l'occasion du vaisseau qui venoit d'arriver, pour se rendre heureusement auprès de moi.

Je ne pouvois marquer trop de réconnoissance pour un ami si généreux & si constant. Je le conduisis chès moi. Je le rendis le maitre de tout ce que je possedois. Je lui appris tout ce qui m'étoit arrivé depuis mon départ de France, & pour lui causer une joïe à laquelle il ne s'attendoit pas, je lui déclarai que les semences de vertu qu'il avoit jettées autrefois dans mon cœur, commen-

çoient

çoient à produire des fruits dont il feroit satisfait. Il me protesta qu'une si heureuse nouvelle le dédommageoit pleinement de toutes les traverses de son voïage.

Nous avons passé quelques mois ensemble au Nouvel Orleans pour attendre l'arrivée des vaisseaux de France ; & nous étant enfin mis en mer, nous primes terre, il y a quinze jours au Havre de Grace. J'écrivis à ma famille en arrivant. J'ai appris par la réponse de mon frere ainé, la triste nouvelle de la mort de mon pére. Le vent étant favorable pour Calais, je me suis embarqué aussi-tôt dans le dessein de me rendre auprès de cette ville chez un Gentilhomme de mes parens, où mon frere m'écrit qu'il ne manquera pas de se trouver:

Fin du Tome VII. & dernier.